CW01150212

ZELFSTANDIGE NAAMWOORDEN

in de

GERMAANSE TALEN

Zelfstandige naamwoorden, persoonlijke voornaamwoorden en telwoorden in de Germaanse talen, met een inleiding over Indoëuropese talen. Facsimile uitgave van een eindexamenscriptie Nederlands, geschreven tussen 1980 en 1982.

door Hans Eggenkamp

ISBN 978-94-92403-00-1

Onderzoek en Beleving, Bussum, Nederland

post@onderzoek-en-beleving.nl

ZELFSTANDIGE NAAMWOORDEN

persoonlijke voornaamworden en telwoorden in de

GERMAANSE TALEN

met een inleiding over Indoëuropese talen

Facsimile uitgave van een eindexamenscriptie Nederlands, geschreven tussen 1980 en 1982

door

HANS EGGENKAMP

Eindexamen Scriptie Nederlands

ZELFSTANDIGE NAAMWOORDEN,

Persoonlijke Voornaamwoorden en Telwoorden in de

GERMAANSE TALEN,

Met een inleiding over Indoëuropese talen.

door

Hans Eggenkamp

———

VOORBERICHT BIJ DE FACSIMILE UITGAVE

Gedurende mijn middelbare schoolperiode was ik, net als nu nog steeds overigens, allesbehalve een talenwonder. Met hangen en wurgen lukte het mij aan de minimumvereisten van het taalonderwijs te voldoen. Ondanks de moeite die ik had met het leren van de vreemde talen was ik hevig geinteresserd in de ontwikkeling en de evolutie van talen. Een interesse die ontstond middels het na het bij toeval vinden, op een vlooienmarkt, van het boek "A Comparative Germanic Grammar" door E. Prokosch.

Waarom zou ik, zonder de aanwezigheid van een talenknobbel, hierin interesse tonen? Ik denk dat het komt omdat de vergelijkende taalwetenschap, waarop mijn eindexamenscriptie gebaseerd is, zoveel raakvlakken vertoont met natuurwetenschappen. De evolutie van de grammatica door de tijd vertoont tenslotte grote overeenkomsten met de evolutie zoals die in "de natuur" heeft plaatsgevonden, en die had mijn interesse als sedert ik leerde te lezen.

In deze scriptie beschrijf ik de evolutie van de naamvalsbuigingen zoals die zich binnen de Germaanse talen ontwikkeld hebben. Het Protogermaans was zoals bekend een taal die verschillende vormen voor de verschillende naamvallen had, terwijl deze in de dochtertalen meest zijn afgesleten. Alleen in het IJslands en het Duits is nog sprake van duidelijke buigingsvormen. Het werd gezegd dat de buigingsuitgangen weggesleten zijn doordat de klemtoon in de Germaanse talen zich naar de eerste lettergreep verplaatste. Echter, dit proces ging niet in elke dochtertaal even snel en heeft (dus) ook niet in elke dochtertaal geleid tot het volledig wegslijten van de uitgangen. In deze scriptie heb ik zoveel als mogelijk, en voor zover het voor mij mogelijk was deze informatie te vinden (er was immers nog geen internet in die dagen), geprobeerd de evolutie van de verschillende buigingsvormen van de zelfstandige naamwoorden te volgen in de tijd. Aangezien er weinig publicaties zijn die deze benadering ook volgen leek het mij nuttig deze informatie hierbij alsnog publiek beschikbaar te maken.

Hierbij moet het duidelijk zijn dat het een eindexamenscriptie op VWO niveau is. Geen doorwrocht wetenschappelijk werk dientengevolge. En, ook in die dagen werden er, in ieder geval door mij, (al) de nodige d/t fouten gemaakt. Omdat de scriptie met de hand geschreven is heb ik deze fouten in de tekst laten staan, evenals de (weinige) correcties die door de docent in de tekst zijn aangebracht.

Vandaar dat ik nu, 36 jaar na het schrijven ervan, mijn eindexamenscriptie Nederlands, onderdeel van mijn VWO examen aan Laar en Berg te Laren, ter beschikking stel. Wellicht dat het zo nog ergens van pas komt.

Parijs, maart 2018
Hans Eggenkamp

VERANTWOORDING

In de vierde klas hoorde ik dat je in de zesde klas een scriptie voor het vak Nederlands moest schrijven. Omdat me dat wel leuk leek ben ik toen meteen gaan denken. Eerst dacht ik aan een scriptie over de oudste nederlandse Literatuur en zelfs over vroegmiddeleeuwse literatuur van de andere Germaanse talen. In de Duitse les kregen we in die tijd toevallig iets over de Gotische grammatica. Van de heer Ketelaar heb ik toen een Gotische grammatica kunnen lenen. Op koninginnedag vond ik toen het boek "A Comparative Germanic Grammar". Toen lag mijn keuze vast, al was het oorspronkelijk bedoelde uitgebreider dan wat de scriptie nu is geworden. Het was oorspronkelijk de bedoeling ook Keltische talen (vooral Bretons) op te nemen. Omdat het alles veel te veel bleek heb ik me alleen toegelegd op de Zelfstandige Naamwoorden. Het onderdeel zelfstandige naamwoorden is (inclusief alle tabellen) 33 pagina's geworden. Ik had voor ik aan de zelfstandige naamwoorden begon al 30 pagina's over Indoëuropese talen. Ik voeg deze wel bij de scriptie, maar laat het aan de docent of hij dit gedeelte wil doorlezen of niet.

Ik wilde vanaf deze plaats de heer Ketelaar (docent Duits aan onze school) nog eenmaal hartelijk danken voor het uitlenen van de Gotische grammatica en zijn indirecte aanzet tot deze scriptie.

Hans Eggenkamp.

waar?

INHOUD

- Geel
  Verantwoording — 1
  Inhoud — 3
  Afkortingen — 5
- Blauw
  Deel één; De Indo-europese talen; Algemene Inleiding. — 7
  Hoofdstuk één: De Indoëuropese talen; ontwikkeling en verspreiding — 9
  1 Wat zijn de Indoëuropese talen — 9
     a. Plaats in de Wereld [9] b. Sanskrit [9] c. Indo-Europees volk [9]
  2 Het begin van de Indoëuropese talen — 9
  3 Differentiatie binnen de taalfamilie — 10
     a. Verbrokkeling [10] b. Theorie van A. Schleicher [10] c. Theorieën van J. Schmidt en A. Meillet [11] d. Kentum en Satem talen [11]
  4 De verspreiding van de Indoëuropese talen — 11
  5 Overzicht van de Indoëuropese talen — 12
  Hoofdstuk twee: Vereenvoudigingen in de grammaticale vormen. — 15
     a. Oertaal [15] b. Zelfstandige Naamwoorden [15] c. Werkwoorden [15]
  Hoofdstuk drie: Andere taalfamilies. — 17
- Rood
  Deel twee; De Germaanse talen. — 19
  Overzicht van de Germaanse talen. — 20
  Zelfstandige Naamwoorden; Algemeen — 21
  1 Inleiding — 21
  2 Eerste (Germaanse) klankverschuiving — 21
  3 Alfabetten in de verschillende Germaanse talen — 22
  4. Classificatie van de Zelfstandige naamwoorden — 23
  5. Categorieën van de zelfstandige naamwoorden — 23
     A. Grammaticaal geslacht — 23
     B. Getal — 24
     C. Naamvallen — 24
  6 Uitgangen van het Indoëuropees die we in het Germaans terugvinden — 25
  Zelfstandige Naamwoorden; De Buigingsvormen. — 27
  1 Inleiding — 27
  2 De o-stammen — 28
     A. zuivere o-stammen — 28
     B. wo-stammen — 30
     C. jo-stammen — 31
        a. kortstammige jo-stammen [31] b. langstammige jo-stammen [31]
  3 De â-stammen — 33
     A. zuivere â-stammen — 33
     B. wâ-stammen — 34
     C. jâ-stammen — 34
        a. kortstammige jâ-stammen [34] b. langstammige jâ-stammen [34]

4 De i-stammen — 35
5 De u-stammen — 37
6 De n-stammen — 39
   A. on-stammen — 39
   B. jon-stammen — 41
   C. won-stammen — 41
   D. ân-stammen — 41
   E. jân-stammen — 42
   F. wân-stammen — 42
   G. în-stammen — 42
   H. înâ-, îni-stammen — 43
7 De r-stammen — 43
8 Woorden waarbij n-suffix en r-suffix zich oorspronkelijk afwisselden (r-/n-stammen) — 45
9 s-stammen — 45
10 nt-stammen — 46
11 t-stammen — 47
12 Stammen zonder stamsuffix — 48
13 Het woord "man". — 49
14 Vertalingen van de in de paradigma gebruikte woorden. — 50

— Groen

Voornaamwoorden (Pronomina) — 55
1 Persoonlijke Voornaamwoorden (Pronomen Personale) — 55
   a. Paradigma [55] b. Eerste persoon enkelvoud [56] c. Tweede persoon enkelvoud [57] d. Reflexivum (derde persoon) [57] e. Eerste persoon tweevoud [57] f. Tweede persoon tweevoud [57] g. Eerste persoon meervoud [57] h. Tweede persoon meervoud [58]
2 Het Persoonlijke Voornaamwoord van de derde Persoon (Engels: The Anaphorical Pronoun) — 59
   a. Paradigma [59] b. Bespreking [60]
3 De Bezittelijke Voornaamwoorden — 61
   a. Inleiding [61] b. Verbuigbare vormen [61] c. Onbuigbare vormen [62]

Telwoorden (Numeralia) — 63
1 Hoofdtelwoorden (Cardinalia) — 63
   a. 1 [63] b. 2 [63] c. 3 [64] d. 4, in de Noordgermaanse talen [65] e. Buiging 4-12 [65] f. 4, in Oost- en Westgermaanse talen [65] g. 5 [66] h. 6 [66] i. 7 [66] j. 8 [66] k. 9 [67] l. 10 [67] m. 11 en 12 [67] n. 13-19 [68] o. De Tientallen [68] p. De nummers 70-100 (120) bij het Go., Oe., Os en Ohd. [69] q. 100 [70] r. 1000 [70] s. 1.000.000 [71]
2 Rangtelwoorden (Ordinalia) — 71
   a. 1^e [71] b. 2^e [71] c. 3^e-12^e [72] d. 13^e-19^e [72] e. 20^e en hoger [72]

— Grijs

Lijst van gebruikte boeken. — 73

AFKORTINGEN

a.	accusatief	
acc.	accusatief	4ᵉ NV
Afr.	Afrikaans	
Bm.	Bokmål	
dat.	datief	3ᵉ NV
De.	Deens	
ev.	enkelvoud	
f.	vrouwelijk	
fem.	vrouwelijk	
Fr.	Fries	
gen.	genitief	2ᵉ NV
Go.	Gotisch	
IE	Indoëuropees	
ins.	instrumentalis	
L.	Latijn	
m.	mannelijk	
mann.	mannelijk	
masc.	mannelijk	
Me.	Middelengels	
Mhd.	Middelhoogduits	
Mnl.	Middelnederlands	
mv.	meervoud	
n.	onzijdig	
Ne.	Nieuwengels	
neut.	onzijdig	
Nhd.	Nieuwhoogduits	
Nn.	Nynorsk	
Nnl.	Nieuwnederlands	
nom.	nominatief	
Oe.	Oudengels	
Ohd.	Oudhoogduits	
on.	onzijdig	
On.	Oudnoords	
onz.	onzijdig	
Os.	Oudsaksisch	
pers.	persoon	
Sk	Sanskrit	
tw.v.	tweevoud (dualis)	
Uger.	Oergermaans	
Un.	Oernoords	
v.	vrouwelijk	
voc.	vocatief	5ᵉ NV
vr.	vrouwelijk	
IJsl.	IJslands	
Zw.	Zweeds	

Nynorsk en Bokmål zijn de twee officiële Noorse schrijftalen.
Un. is de taal van Scandinavië tot ongeveer 800 na Christus.
On. is de taal van Scandinavië van ongeveer 800 tot 1100 (toen de afzonderlijke talen ontstonden)

DEEL EEN

DE INDO-EUROPE-SE TALEN

ALGEMENE INLEIDING

De Indo-europese taalvergelijking - of de Indogermanistiek zoals men vroeger vaak zei - rekent men te beginnen in 1786, toen Sir William Jones (1746-1794) in een lezing wees op de treffende overeenkomst tussen tal van Europese talen en het Sanskriet. De herkomst en een belangrijk aantal Aziatische talen vertoont het beeld van een familieverwantschap. Of er ooit een gemeenschappelijke oertaal heeft bestaan zal wel altijd een raadsel blijven. In het schema ziet men hier de belangrijkste leden van de familie.

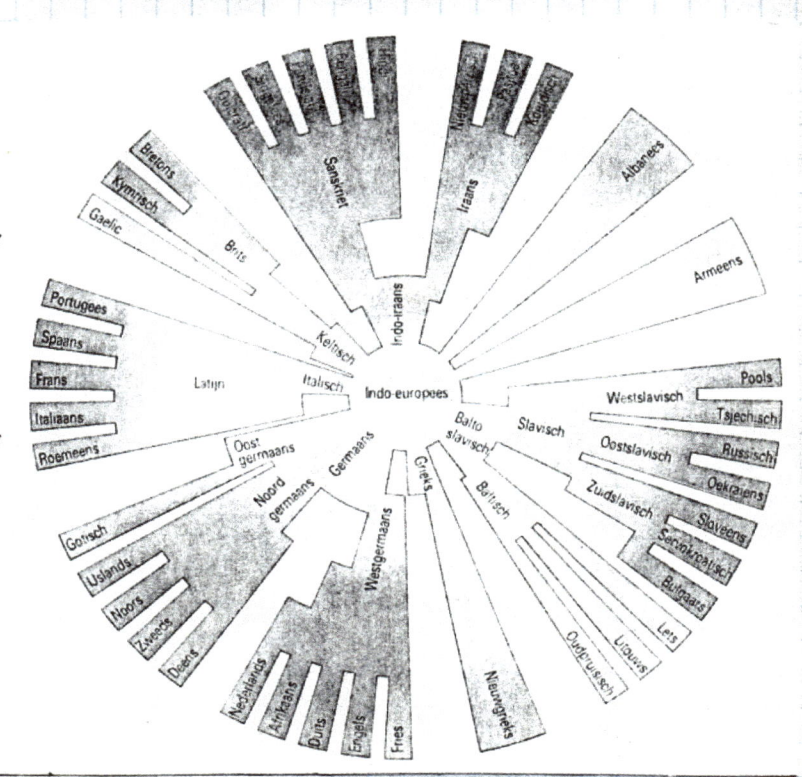

(uit "grote spectrum encyclopedie")

Hoofdstuk één

De Indo-Europese talen; ontwikkeling en verspreiding

1   Wat zijn de Indo-Europese talen?

— De Indo-Europese taalfamilie (ook wel Indo-Germaanse talen) is een uitgebreide taalfamilie, die, al sedert voor- of vroeg-historische tijden het grootste gedeelte van Europa omvat. De familie omvat ook een groot deel van Zuid-West-Azië (Indo-Iraanse talen). De laatste paar honderd jaar zijn talen van deze taalfamilie (door kolonisatie) ook over andere werelddelen verspreid.   a

— Omstreeks 1790 begonnen mensen te ontdekken dat er talrijke overeenkomsten waren tussen westelijke talen en de heilige taal van de indiërs, het Sanskriet. Dit was een taal met een zeer hoge ouderdom, die practisch alle buigingsvormen waarvan men aanneemt dat de hypothetische oertaal deze had, nog gebruikte. Eerst dacht men dat men die oertaal gevonden had. Maar na tientallen jaren van onderzoek (dat voornamelijk door duitse onderzoekers gedaan werd) kwam men tot een resultaat, waarop wij hedentendage nog op voortbouwen.   b

— Er waren (en zijn) mensen die dachten dat de sprekers van een bepaalde taal tot een bepaald volk horen. Alle sprekers van Indo-Europese talen zouden dan tot één groot volk behoren, de Indo-Europeanen of Ariërs. Deze denkwijze is onjuist. De "oorspronkelijke" Indo-Europeanen die "Oer-Indo-Europeaans" spraken hebben volkeren onderworpen en die hun taal opgedrongen. Of ze werden zelf onderworpen, door mensen die gedeeltelijk hun taal overnamen. Zo is de oertaal over talrijke volkeren gesplitst en is ook zelf gesplitst in talrijke dialeken die later de verschillende talen gingen vormen.   c

> ① Noot: "Oer-Indo-Europeaans" staat tussen haakjes omdat men niet zeker weet of dit ooit een duidelijk afgebakende taal is geweest. Het kan nl. in nog vroegere tijden uit verscheidene dialecten van een nog oudere taal ontstaan zijn, en als zodanig nooit een echte eenheid geweest zijn.

2   Het begin van de Indo-Europese talen.

— Hoewel de Indo-Europese talen tegenwoordig over de gehele wereld gesproken worden, zijn ze in een zeer ver verleden begonnen als een streektaal. Waar nu eigenlijk de eigenlijke "Urheimat" hun originele thuisland lag is niet bekend. De meeste aanwijzingen wijzen in de richting van Midden- of Noord-Europa. Maar, de argumenten die wijzen in de richting van Zuid-Oost-Europa of die wijzen naar de steppen van West-Azië zijn ook nog niet geheel ondergraven.
Op de kaart op de volgende pagina is ongeveer te zien waar het begin van de Indo-Europese talen zou kunnen liggen.

I, één, 3 : Differentiatie binnen de taalfamilie.

EUROPA
Algemeen

Plaatsen waar de "Urheimat" zich zou kunnen bevinden.

3 Differentiatie binnen de taalfamilie.

— Toen het Indo-Europese volk zich ging verspreidde is ook de taal verbrokkeld. Zo zijn de subgroepen ontstaan, en later de verschillende talen. Hoe dit exact in z'n werk is gegaan is niet bekend. Wel zijn er enkele theorieën.

— Als eerste wil ik noemen de later onjuist gebleken theorie van August b Schleicher die de talen in een noordelijke (Slavo-Germaans) en een zuidelijke (Ario-Graeco-Italo-Keltische) tak van een stamboom voorstelde, die zich later in kleinere takjes en twijgjes verdeeld heeft

```
                                              Germaans
                            Balto-Slavisch   Baltisch
Indo-      Slavo-Germaans                    Slavisch
Europees                                     Keltisch
           Ario-Graeco-      Italo-Keltisch  Italisch
           Italo-Keltisch                    Grieks
                                              Albaans
                            Arisch           Iraans
                                              Indisch
```

(uit "A Comparative Germanic Grammar")

I, één, 4: De verspreiding van de IE-talen.

— Anderen geven de relatie(s) tussen de verschillende talen aan met behulp van cirkels zoals Johannes Schmidt: (Schmidt kon Hettitisch en Tochaars niet in het schema opnemen. Het schema is iets vereenvoudigd)

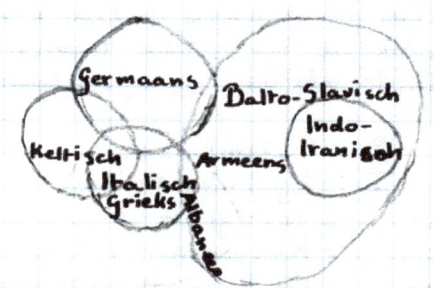

Of ook wel door een wat hoekiger diagram dat ongeveer het zelfde is (diagram van A. Meillet):

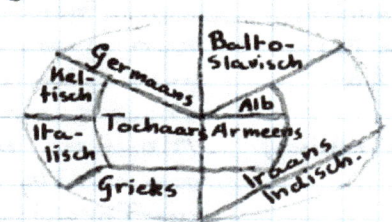

— Dit brengt ons naar de Kentum en Satem talen. In hierboven staand diagram zien wij links de meer westelijke talen en het Tochaars staan en rechts de meer oostelijke. Het onderscheid berust op de behandeling gutturalen. Wat namelijk oorspronkelijk (waarschijnlijk) een k was is bij de oostelijke groep een s (een sisklank) geworden. Men heeft als onderscheid genomen de Latijnse en Avestische worden voor honderd, nl centum (spreek uit: kentum) en satem

4   De verspreiding van de Indo-Europese talen.

— Als algemeen gesproken taal zijn de Indo-Europese talen inheems in practisch geheel Europa (m.u.v. Lapland, Finland, Karelie, Nrd-Rusland, Baskenland en Hongarije) en verder in Koerdistan, Perzië, Pakistan, Noord-India, Bangla Desh, Zuid-Afrika, kuststreken van de rest van Afrika, Australie, Nieuwzeeland, Zuid-Canada enkel de rest van Amerika met uitzondering van de indianen aldaar. Als officiële landstaal gelden ze in alle landen van de wereld, met uitzondering van: Ethiopië (Amhaars), Vietnam (Annamitisch), Laos (Laotisch), Arabische landen (Arabisch), Burma (Burmees), China (Chinees), Finland (Fins), Hongarije (Hongaars), Indonesie (Indonesisch), Israel (Ivriet), Japan (Japans), Kampuchea (Khmer), Korea (Koreaans), Madagaskar (Malagassi), Maleisie (Maleis), Mongolie (Mongools), Nepal (Nepali), West-China (Oost-Turks), Filipijnen (Tagolog), Thailand (Thai), Tibet (Tibetaans), Turkije (Turks) en Sri Lanka (Tamil). De meeste van deze landen liggen in Oost-Azië, daar worden Indo-Europese talen dus weinig gesproken, maar in de rest van de wereld komen ze veel voor.

I, één, 5: Overzicht van de Indo-Europese talen.

5. Overzicht van de Indo-Europese talen.

In het hieronder staande schema zijn de Indo-Europese talen verdeeld in Kentum en Satem talen. De germaanse talen zijn niet onderverdeeld omdat die in deel II uitgebreid ter sprake komen. De hieronder staande indeling is niet dezelfde als van de afbeelding op het "titelblad".

A. Kentumtalen:
I: Keltische talen
  1 Vasteland-Keltisch †
   uitgestorven in de 5ᵉ - 6ᵉ eeuw,
   dus niet veel over bekend (voornamelijk uit plaatsnamen en
   persoonsnamen) Vermoedelijk
   gesproken door de oude Galliërs,
   de Spaanse Keltiberi, de Kelten van de Donau en de Galaten in Klein-Azië.
  2 Brits (Brythonisch of Eiland-Keltisch)
   - Kymrisch of Welsh.
   - Cornish († ca 1800)
   - Bretons (Brezoneg)
   - Cumbrisch († ca. 1200)
  3 Gaelic (Goïdelisch)
   - Iers
   - Manx († 1960, eiland Man)
   - Schots Gaelic
  4 Pictisch (het is niet helemaal
   zeker of dit keltisch is. Schotland
   † ca 1000)
II: Latijn-Faliseïsche talen.
   - Faliscisch †
   - Latijn (als levende taal uitgestorven) Is de moeder van de Romaanse talen:
     - Portugees (incl. Galicisch)
     - Spaans
     - Catalaans
     - Frans (incl Waals)
     - Provençaals
     - Italiaans
     - Retoromaans
     - Friaüls
     - Sardinisch
     - Roemeens
III: Oskisch-Umbrische talen. †
   - Oskisch †
   - Umbrisch †

B. Satemtalen:
I: Illyrische talen.
   - Japygisch †
   - Messapisch †
   De beide hierboven staande talen die in Italië gesproken werden zijn uit inscripties te weinig bekend om met zekerheid hun plaats onder de Indo-Europese talen aan te geven. Het staat dus ook niet vast of het
   - Albanees een voortzetting is van een Illyrische taal of dat het van Thracische oorsprong is. Dit is voor een deel het gevolg van het feit dat het Albanees een soort mengtaal is.
II: Baltische talen
   - Litouws
   - Lets
   - Oudpruisisch †
III: Slavische talen
  1 Oostslavisch
   - Russisch (grootrussisch)
   - Witrussisch
   - Oekraïens
  2 Westslavisch
   - Pools
   - Tsjechisch
   - Slowaaks
  3 Zuidslavisch
   - Oud-kerkslavisch †
   - Bulgaars
   - Macedonisch
   - Servokroatisch
   - Sloveens
IV: Thracofrygische talen.
   - Thracisch †
   - Frygisch †
   - Armeens

I, één, 5: Overzicht van de Indo-Europese talen

IV: Venetisch (Het is niet geheel zeker of dit een kentum taal is. Werd gesproken in Venetië. Uitgestorven)
V: Germaanse talen (zie deel II)
VI: Grieks (Helleens), dat wil zeggen de dialekten van het oude of Klassieke Grieks. Hieruit ontwikkelde zich een lingua franca de koinè, die als nakomeling heeft het zg. Nieuwgrieks.
VII: Tochaars †
- Tochaars-A
- Tochaars-B
werden blijkens manuscripten uit de 7e-8e eeuw in Sin-tjiang Oejgoer (Chinees Toerkestan) gesproken. (uitgestorven)
VIII: Anatolisch †
1 Vroeg-Anatolisch (tot ca. 1000 v.Chr.)
- Hittitisch
- Palaïsch
2 Laat-Anatolisch (sinds 1000 v.Chr.)
- Lydisch
- Lykisch

V: Iraanse talen
1 Oudiraans †
- Oudperzisch †
- Avestisch †
2 Middeliraans † onder andere
- Middelperzisch †
3 Moderne talen
- Farsi = Nieuwperzisch = Perzisch
- Pasjtoe
- Koerdisch
VI: Dardische talen
te onderscheiden in West-, Oost-, en Centraaldardische talen, waaronder
- Kasjmiri
VII: Indische talen (oftewel Indo-arische talen)
1 Sanskriet (als levende taal uitgestorven)
2 Middelindisch en Prakrietse dialecten als:
- Pali
- Magadhi
3 Moderne talen zoals:
- Singalees
- Hindi
- Oerdoe
- Bengali
- Punjabi (of Pandsjabi)
- Marathi
- Gujarati
- Nepalees
- Rajasthani
- Bihari
- Oriya
- Zigeunertaal, een verzameling dialecten gesproken van Wales tot Perzië en met elkaar ook wel aangeduid als Romany

In het hier boven staande schema zijn niet alle talen opgenomen. De groepen Latijn-Faliscische talen en Oskisch-Umbrische talen worden meestal samen gevoegd in een Italische taalfamilie. Ik heb ze gesplitst omdat ze niet afstammen van een oer-Italische taal. Tussen bepaalde taalgroepen zijn nauwere verwantschappen dan tussen andere. Zo zijn de Keltische, Latijn-Faliscische en de Oskisch-Umbrische taalgroepen verwand. Ook de Baltische en Slavische talen en de Indische, Dardische en Iraanse talen zijn sterk verwand. Zij worden wel eens beschouwd als grote groepen binnen de Indo-Europese talen en men noemt die groepen dan respectievelijk

I, één, 5 : overzicht van de Indo-Europese ~~talen~~.

de Balto-Slavische en de Indo-Iraanse taalgroepen.

———

Hoofdstuk twee

Vereenvoudigingen in de grammaticale vormen.

— De Indo-Europese oertaal had zeer vele buigingsvormen. Als we   a
bijvoorbeeld naar het Sanskriet kijken blijkt dit duidelijk.

— Als we naar de naamwoorden kijken dan blijkt dat er bij het sanskriet   b
zeer vele verbuigingsklassen zijn. In het oergermaans zijn er daar
nog negen van over die min of meer herkenbaar zijn. In het tegen-
woordige duits zijn er nog maar twee (de sterke en de zwakke verbuiging
die echt opvallen maar men kan van een modern woord nog maar
moeilijk zeggen dat is een -u- stam, of dat is een -o- stam. Aan de woorden zelf is het eigenlijk niet meer te zien. Het Indo-Europees had drie
grammaticale geslachten. De meeste moderne talen hebben ook nog
wel wat geslachten b.v. het Frans waar Mannelijk en Onzijdig samengevallen zijn. Maar bij het Engels is het verschil tussen grammaticale
geslachten weggevallen. Het Indo-Europese zelfstandige naamwoord
had enkelvoud, tweevoud, en meervoud. Het tweevoud (dualis) is bijna overal verdwenen. Ook het aantal naamvallen is verminderd: het
Sanskriet had ze nog alle acht. De slavische talen hebben er nog
zes of zeven, het latijn nog zes, het Oudgrieks nog vijf, het Gotisch
eigenlijk nog maar vier terwijl in moderne talen als Engels of Frans
zo'n beetje alle naamvals uitgangen verdwenen zijn.

— Ook bij de werkwoorden is het aantal vormen flink minder geworden.   c
Het Sanskriet had honderden werkwoordsvormen terwijl een regelmatig Engels werkwoord er nog maar vier heeft. Het oorspronkelijke
Indo-Europese werkwoord had vijf verschillende tijden. Het Germaans
heeft nog slechts voor twee tijden verschillende vormen. Het Indo- Euro-
pees had ook ~~zeer~~ vele wijzen, het germaanse werkwoord eigelijk nog
maar drie. Ook het passivum is bij de Germaanse talen grotendeels, als
zelfstandige vorm verdwenen. Ook bij de werkwoorden is het tweevoud
in veel gevallen verdwenen.

Nederlands?

Hoofdstuk drie

Andere taalfamilies.

De Indo-Europese taalfamilie is niet de enige. Er zijn in de wereld nog talrijke andere taalfamilies. Men is het nog niet eens over de juiste indeling van deze families. Een van de mogelijke indelingen staat in het hieronder geplaatste schema. Bij de taalfamilies zijn enkele van de bekendste leden genoemd. Het schema komt uit de Grote Spectrum Encyclopedie.

Taalfamilies
1. Indo-europese talen
2. Finoegrische talen: sinds de uitbreiding met onder meer het Samojeeds ook wel aangeduid als Oeralische talen. De bekendste leden zijn het Fins en Hongaars.
   A. Fennisch:
   I Westfennisch: Fins, Estisch, Karelisch, enz.;
   II Laps;
   III Wolgisch: Mordwiens, Tsjeremissisch (Sovjetunie);
   IV Permisch: Wotjaaks (Sovjetunie)
   B. Oegrisch:
   I Hongaars (Magyaars);
   II Ob-oegrisch: Ostjaaks, Wogoels (Siberië)
   C. Samojeeds, nabij de poolcirkel
   D. Joekagiers
   Vermoedelijk staan A en B elkaar nader dan een van de andere. Het meest opmerkelijk is de verwantschap tussen het Hongaars en twee onbetekenende taaltjes uit Siberië: Wogoels en Ostjaaks. Dank zij de historische linguïstiek kunnen we redelijkerwijs de herkomst van de Hongaren aanwijzen.
3. Afro-aziatische talen: een uitbreiding van de oudere groep Hamitosemitische talen. Men onderscheidt een vijftal subfamilies:
   A. Semitische talen: Hebreeuws, Arabisch, Maltezisch (sinds 9e eeuw op Malta), Aramees, Fenicisch, Iwriet (modern Hebreeuws);
   B. Egyptisch: het Egyptisch in al zijn fasen, van het Klassiek Egyptisch tot het Koptisch (vroeg in de jaartelling uitgestorven);
   C. Berbertalen: een groep talen en dialecten, ook wel aangeduid als Hamitische talen, gesproken in Noord-Afrika, vooral in Marokko en Algerije, onder meer Toeareg en Kabylisch;
   D. Koesjitisch: een zeer grote groep talen die in Noordoost-Afrika gesproken worden. Somali, Galla;
   E. Tsjaads: een groot aantal talen in het noorden van Centraal-Afrika, vooral het centrum van de Sahel. De grootste bekendheid geniet het Haussa in Nigeria. Binnen deze groep vormen A, B en C vanwege hun nauwe relaties een hecht blok. Nauwkeuriger beschrijving van de betrokken talen kan nog veel verhelderen inzake de interne structuur van deze familie.
4. Niger-Kongotalen: een zeer omvangrijke familie met tal van subfamilies, van wie die der Bantoetalen vooral bekend is. De relaties tussen deze takken staan nog niet erg vast. De bekendste leden zijn de volgende.
   Ibo (Igbo): Nigeria
   Joroeba: Nigeria
   Kikoejoe: Kenya
   Swahili: Tanzania en aangrenzende landen
   Tswanan (Setswana): gesproken in Botswana en Zuid-Afrika
   Zoeloe (Kafir-Zoeloe): Zuid-Afrika
   Swazi: Swaziland
5. Khoisantalen, gesproken in Namibië (Zuidwest-Afrika) Hottentots-Bosjesmans
6. Dravidische talen: een tamelijk nauwkeurig afgebakende familie, die voornamelijk bestaat uit talen die thuishoren in Zuid-India (ca. 125 miljoen sprekers).
   A. zuidelijke groep:
   I Tamil: Madras en omgeving en op Sri Lanka (Ceylon), een taal met een goed bewaarde geschiedenis (tot 2000 v. C.)
   II Kannada
   III Malayalam
   B. centrale groep:
   I Gondi
   II Teloegoe, de grootste Dravidische taal
   C. noordelijke groep:
   I Brahoej: Pakistan, Iran
   II Koeroekh, Malto: Noord- en Midden-India
7. Sinotibetaanse talen, ook wel Tibetochinese talen: deze familie, waarvan de interne relaties nog omstreden zijn, omvat vele talen die in Zuid-, Zuidoost- en Oost-Azië worden gesproken. Vastgesteld is het lidmaatschap van:
   A. de diverse Chinese talen, waaronder het Pekingchinees en Kantonees;
   B. Tibetaans en tal van Himalajatalen;
   C. tal van talen aan de Assamees-Birmaanse grens, onder meer diverse Naga- en Kasjintalen;
   D. de Karentalen van Birma;
   E. Birmaans en verwante talen;
   F. de Si-Lo-Motalen van de Birmaans-Chinese grens, onder meer Lolo en Moso
8. Austro-aziatische talen: als familie nog ondoorzichtiger dan de vorige en gesproken in ongeveer dezelfde streken, zij het met de nadruk meer in het zuiden en veelal verspreid in groepjes over een groot gebied:
   A. de Mundatalen van Centraal-India, stammend uit voor-Dravidische tijden. Meer dan de helft van de sprekers voert als moedertaal Santali.
   B. Khasi of Assam in India;
   C. Jakoen: verschillende groepen in Maleisië;
   D. Sakai: idem;
   E. Semang: idem;
   F. Nicobarees: Nicobaren (India);
   G. Mon-Khmer: een grote groep talen die gesproken worden in Birma, Cambodja, Thailand en Vietnam. Bekend zijn het Mon en het Khmer (Cambodjaans).
   H. Palaung-Wa: een aantal talen in Birma, Laos en Thailand;
   I Vietnamees, vroeger bekend als Annamitisch, en een aantal verwante talen.
9. Altaïsche talen: deze familie beheerst Noord-Azië. Men onderscheidt de volgende subgroepen:
   A. Turkse talen
   I zuidelijk: Turks (Osmaans), Turkmeens, Azerbajdzjaans.
   II westelijk: Ta(r)taars, Kirgizisch, Kazachs, Basjkiers, enz.
   III oostelijk: Oezbeeks, Oejgoers (Sin-tjiang Oejgoer).
   IV noordelijk: Altaïsch, enz.
   V Noord-Siberië: Jakoetisch, enz.
   VI Tsjoewasisch, een taal uit de Sovjetunie, die een wat aparte positie inneemt
   B. Mongoolse talen: Mongools (Mongolië), Boerjatisch (Sovjetunie, Mantsjoerije), Mongoeor (China), Ordos, Kalmoeks (Sovjetunie, Europa), Mogoels (Afghanistan), enz.
   C. Toengoezische talen: Mantsjoe, Ewenkisch, Lamoet en nog enkele Siberische talen in de Russisch-Chinese grensstreek;
   D. Hoewel de relatie niet geheel vaststaat worden het Japans en Koreaans wel als verwant met de Altaïsche talen beschouwd
10. Austronesische talen, ook wel Maleis-Polynesische talen. Vermoedelijk de grootste taalfamilie ter wereld. Alleen de Niger-Kongo-familie vormt concurrentie. Traditioneel worden vier subgroepen onderscheiden:
    A. Indonesische talen: Maleis, Javaans, Soendanees, Tagalog, Malagassi, enz.
    B. Micronesische talen: Yap, Gilbertees, enz.
    C. Melanesische talen: een aantal talen op Nieuw-Guinea en de westelijke eilandengroepen zoals Motoe (Nieuw-Guinea), Fiji, enz.
    D. Polynesische talen: de talen van de Maori's en de bewoners van de Tonga Eilanden, Hawaii, Samoa, Paaseiland, enz. Met name de Melanesische groep is zo'n allegaartje dat menig lid ervan meer verwantschap toont met de groepen B en/of D.
11. De talrijke talen van Nieuw-Guinea, misschien wel meer dan één familie omvattende Papua-talen.
12. Athabasken: tamelijk uitgewerkte groep talen uit Noord-Amerika met drie subgroepen:
    A. noordelijk (Canada en Alaska): Chipewyan, enz.
    B. westelijk (kuststreek): Hupa, enz.
    C. Apachentalen: Navaho, Chiricahua, enz.
13. Algonkin: drieledige Amerikaanse familie:
    A. Het eigenlijke Algonkin: Cree, Fox, Shawnee, Menomini, Ojibwa, Delaware, Blackfoot, Cheyenne, Arapaho, enz. (voornamelijk in het oosten van de Verenigde Staten).
    B. Yurok (in Californië);
    C. Wiyot (in Californië)

I, drie: Andere talen.

14. Salish: een familie in westelijk Canada en het noordwesten van de VS, onder meer Bella Coola, Squamish, Okanagan, Flathead, enz.
15. Sioux: familie in het midden van de VS, o.m. Crow, Dakota, Osage, Hidatsa.
16. Penoetisch: familie met onzekere verspreiding, maar met de kern in Californië. Zekere leden zijn:
A. Yokuts: Yawelmani, enz.
B. Maidu: Maidu, enz.
C. Miwok: diverse Miwokgroepen
D. Wintun: Wintu, Patwin, enz.

17. Azteeks: een familie in het zuidwesten van Amerika en México die omvat: Aztec (Natuatl), Pima, Papago, Hopi, Shoshone, Paiute, enz.
18. Kaukasische talen, onderscheiden in:
A. Noordkaukasische groep:
 I westelijk: Abchazisch, Circassisch;
 II oostelijk: een kleine dertig taaltjes.
B. Zuidkaukasische groep: Georgisch (USSR) en de talen van enkele rondom Georgië gelegen landstreken.

19. Nilotische talen, omvattende:
A. Nilosaharische talen (Oostelijk Centraal-Afrika);
B. Nilohamitische talen (Noordoost-Afrika);
C. Kordofanische talen (noordelijk Centraal-Afrika).
20. Australische talen: de familie van alle inheemse talen in Australië, onder meer Aranda.
Wat Latijns-Amerika betreft zijn drie vrij belangrijke inheemse talen niet goed in te delen: Guaraní (Paraquay), Aymará (Bolivia) en Quechua, dat over een groot gebied gesproken wordt door een 8 miljoen mensen.

DEEL TWEE

DE GERMAANSE TALEN

> Situering van de thans gesproken Germaanse talen in Europa. De oostgrens van het Duitse taalgebied is bij benadering aangegeven.

(uit "grote winkler prins encyclopedie")

Overzicht van de Germaanse talen.

1. Oostgermaanse talen.
a. Gotisch (Visigotisch, Westgotisch): de taal van de 4e-eeuwse bijbelvertaling van Wulfila, Moesia (het noorden van Bulgarije);
b. Krimgotisch (Ostrogotisch, Oostgotisch), uitgestorven 18e eeuw, Krim (Zuid-Rusland)
c. Enkele, fragmentarisch bewaard gebleven, talen van Oostgermaanse stammen die huishielden in het Laat-romeinse Rijk: Bourgondiers, Vandalen;

2. Noordgermaanse talen: deze groep omvat de zg. Scandinavische talen Deens, Zweeds, Noors.
a. IJslands: twee dialecten Noord- en Zuidijslands;
b. Faerøes, op diverse Faerøerne worden zeventien dialecten gesproken.
c. Norn: tot de 18e eeuw gesproken op de Shetland Eilanden, tot de 17e op de Orkney Eilanden en daarvoor in Caithness (Schotland);
d. Een geheel van elkaar overlopende Scandinavische dialecten.
   I. De Jutse dialecten, Jutland en Sleeswijk-Holstein, recent uitgestorven;
   II. De dialecten van de Deense eilanden;
   III. De dialecten van Scania (Zuid-Zweden) en Bornholm;
   IV. De Gota-dialecten (Zweden);
   V. De Svea-dialecten (Zweden);
   VI. De Norrland-dialecten (Zweden);
   VII. De Zweedse dialecten die gesproken worden in Finland en Estland;
   VIII. Het dialect van Gotland;
   IX. De Oostnoorse dialecten inclusief het standaard Bokmål (Riksmål);
   X. De Westnoorse dialecten, inclusief het standaard Nynorsk (Landsmål).
Het Deens omvat I, II, III en IX, het Zweeds IV, V, VI en VII, het Noors X, terwijl groep VIII veelal op zichzelf beschouwd wordt.

3. Westgermaanse talen:
a. Nederlands (Hollands, Vlaams): de officiële taal van Nederland en Noord-België. Ook als Nederlands worden de dialecten geclassificeerd die lokaal in zwang zijn in West-, Midden-, Zuid- en Zuidoost-Nederland, Noord-België, Frans Vlaanderen en een gedeelte van het Rijnland (Duitse Bondsrepubliek) tot dicht bij Dusseldorf.
b. Afrikaans (Zuidafrikaans): een creole (bastaardtaal) van het Nederlands, gesproken in gedeelten van Zuidelijk Afrika, tot aan Zimbabwe toe (officiële taal in Zuid-Afrika en Zuidwest-Afrika);
c. Nederduits (Platduits); dit is geen officiële taal, men vat er evenwel de dialecten onder van Noordoost-Nederland (Groningen, Drenthe, Overijsel, Achterhoek) en Noord-Duitsland. Geisoleerde dialecten worden aangetroffen in Oosteuropese landen en in nederzettingen van doopsgezinden waar dan ook ter wereld.
d. Hoogduits: de officiële taal van de beide Duitslanden, Zwitserland en Oostenrijk. Dialecten uit deze groep worden voorts gesproken in Elzas-Lotharingen, Tirol, in diverse Oosteuropese landen en in Nederlands (Vaals, Kerkrade) en Belgisch Limburg nabij de Duitse grens. Een wat afwijkend dialect, het Letseburgs, is de officiële taal van Luxemburg.
e. Fries
   I. Westfries, in Nederland gesproken in Friesland, en een gedeelte van Groningen. Vroeger ook in Westfriesland (de provincie Noord-Holland).
   II. Oostfries, werd vroeger gesproken in het gedeelte van Duitsland dat Oostfriesland heet. De laatste native speakers stierven in de jaren dertig van de 20e eeuw (Nieuw-Wangeroog).
   III. Noordfries: Noordfriese eilanden en de westkust van Sleeswijk-Holstein.
f. Engels.
   I. Engels, de officiële taal van tal van landen, onder meer het Verenigd Koninkrijk, de Verenigde Staten, Canada, Australië, Zuid-Afrika, Nieuw-Zeeland, Ierland (Eire).
   II. Scotisch; vroeger de standaardtaal in Schotland, thans nog gesproken als lokaal dialect in Zuid-, Midden- en Noordoost-Schotland, de Orkney en Shetland Eilanden, in het noorden van Ulster en in Donegal in Eire.

Uit de Grote Spectrum Encyclopedie

ZELFSTANDIGE NAAMWOORDEN ALGEMEEN

1 Inleiding

Een zelfstandig naamwoord (nomen substantivum) is een woord dat een persoon, dier of ding noemt en dat (vaak) kenbaar is aan een lidwoord. De hier boven genoemde definitie is niet erg duidelijk, maar volgens mij is over het algemeen wel bekend wat een zelfstandig naamwoord is, en wat er mee bedoelt wordt.

2 Eerste (germaanse) klankverschuiving.

Ik schrijf deze scriptie over de zelfstandige naamwoorden in de Germaanse talen. Dit is een onderfamilie van de Indoeuropese talen (zie hiervoor). Als groep worden de Germaanse talen getypeerd door een ingrijpende klankverschuiving. Dat houdt in dat de oorspronkelijke Indoeuropese medeklinkers ingrijpend van klank zijn veranderd. In het hieronderstaande tabelletje staan de belangrijkste verschuivingen.

IE	Germaans	IE	Germaans	IE	Germaans
*p →	*f	*b →	*p	*bh →	*b/β
*t →	*θ	*d →	*t	*dh →	*d/ð
*kʸ →	*x	*gʸ →	*k	*gʸh →	*g/γ
*k →	*x	*g →	*k	*gh →	*g/γ
*kʷ →	*xw	*gʷ →	*kw	*gʷh →	*gw/γw

Ook andere Indoeuropese talen vertonen ten dele dezelfde veranderingen, maar alleen in de Germaanse talen treft men de gehele systematiek aan.
Er is in de Germaanse taalgeschiedenis nog een tweede klankverschuiving geweest. Deze klankverschuiving ging alleen in het Hoogduits en wordt over het algemeen de Hoogduitse klankverschuiving genoemd. Enkele voorbeelden van deze verschuiving zijn (vergelijking van het Nieuwhoogduits met het Nieuwnederlands): duiken - tauchen, toorn - zorn, water - wasser en paard - pferd. In het

gedeelte met de buigingsvormen zijn er uit de paradigma nog wel meer voorbeelden van de tweede klankverschuiving te halen.

3 Alfabetten in de verschillende Germaanse talen.

In de loop der tijden zijn er drie typen alfabetten in de verschillende Germaanse talen in gebruik geweest. Het oudste type is het door de Goten op grondslag van de Latijnse en Griekse alfabetten gevormde runenalfabet. Het alfabet is vooral in de Noordgermaanse streken in gebruik geweest. De oudste inscripties komen ongeveer uit de 2ᵉ-3ᵉ eeuw na Christus.

ᚠᚢᚦᚨᚱ‹ᚷᚹ:ᚺᛏᛁᚷᛇᛉᛒᛦᛊ:ᛏᛒᛖᛗᛚᛜᛟᛞ
f u þ a r k g w . h n i j E p R s . t b e m l ŋ o d

Het oude runenalfabet.

Enkele aantekeningen bij het oude runenalfabet: þ is ongeveer de klank van de Engelse th. De betekenis van het teken ᛇ "E", dat slechts enkele malen in zeer oude inscripties de waarde van een letterteken heeft, maar in geheimschrift een grote rol speelt, is niet geheel zeker. De ᛦ "R" houdt de uit "z" ontstane "r" in. In de beginperiode zou de betekenis echt z geweest kunnen zijn die later in een r is veranderd. Dit blijkt omdat in jongere inscripties ᛦ en R tamelijk veel verwisseld worden. De ᛜ "ŋ" is de ng van ons zoals in het woord ring.

In de vikingtijd is het oude runenalfabet vervangen door een korter dat uit het oude ontstaan was. Dit alfabet bevatte 16 tekens:

ᚠᚢᚦᚨᚱᚴ ᚼᚾᛁᛏ ᛋ ᛏᛒᛘᛦᛚ
f u þ ą(a) r k h n i a(A) s t b m lR

Het jonge runenalfabet

Hieruit blijkt dat enkele tekens een vormverandering hebben ondergaan. Ook zijn er veel tekens verdwenen. ą is een genasaliseerde a, a is een normale a. In de tijd van de kerstening is het Runenalfabet door het Latijnse vervangen.

Het tweede type is het Gotische alfabet, dat door bisschop Wulfila is ontworpen om zijn bijbelvertaling mee te schrijven. Zijn alfabet had hij vooral afgeleid van het Griekse en het in de Gotische gebieden reeds in gebruik zijnde runenalfabet. De letters werden, net als in het Griekse alfabet ook als cijfer gebruikt.

𐌰	𐌱	𐌲	𐌳	𐌴	𐌿	𐌶	𐌷	𐍈
1	2	3	4	5	6	7	8	9
a	b	g	d	e	q	z	h	þ

𐌹	𐌺	𐌻	𐌼	𐌽	𐌲	𐌿	𐍀	𐌵
10	20	30	40	50	60	70	80	90
i	k	l	m	n	j	u	p	—

𐍂	𐍃	𐍄	𐍅	𐍆	𐍇	𐌸	𐍉	↑
100	200	300	400	500	600	700	800	900
r	s	t	w	f	χ	ƕ	o	—

De tekens ↑ en ↑ werden alleen als cijfer gebruikt. Ψ is de zelfde letter als de runische þ. Ⱳ, dat getranscribeert wordt door hv komt in andere Germaanse talen niet voor, maar is te zien als de voorvader van de Engelse wh- (in b.v. which)

Het laatste type, dat tegenwoordig in alle Germaanse talen in gebruik is, is het Latijnse. Dit alfabet is niet in alle Germaanse talen hetzelfde omdat bepaalde talen letters hebben die in andere talen niet bestaan. De tekens zijn (in volgorde):

IJsl:	a	b	c	d	ð	e	f	g	h	i	j	k	l	m	n	o	p		r	s	t	u	v		x	y	(z)	þ æ ö
Noors:	a	b	c	d		e	f	g	h	i	j	k	l	m	n	o	p		r	s	t	u	v	w	x	y	z	æ ø å
De:	a	b	c	d		e	f	g	h	i	j	k	l	m	n	o	p	q	r	s	t	u	v	w	x	y	z	æ ø å
Zw:	a	b	c	d		e	f	g	h	i	j	k	l	m	n	o	p	q	r	s	t	u	v	w	x	y	z	ö å ä
Ne:	a	b	c	d		e	f	g	h	i	j	k	l	m	n	o	p	q	r	s	t	u	v	w	x	y	z	
Fr:	a	b		d		e	f	g	h/y		j	k	l	m	n	o	p		r	s	t	u		w				
Nnl:	a	b	c	d		e	f	g	h	i	j	k	l	m	n	o	p	q	r	s	t	u	v	w	x	y	ij z	
Afr:	a	b	c	d		e	f	g	h	i	j	k	l	m	n	o	p	q	r	s	t	u	v	w	x	y	z	
Nhd:	a	b	c	d		e	f	g	h	i	j	k	l	m	n	o	p	q	r	s	ß	t	u	v	w	x	y	z	

4 Classificatie van de zelfstandige naamwoorden.

De classificatie van de zelfstandige naamwoorden is gebaseerd op de stamsuffixen.
Van de in de Indoeuropese oertaal in gebruik zijnde stammen zijn de volgende in de Germaanse talen nog te herkennen, of in gebruik:
I: Monoftonge suffixen: -e-/-o- (-je-/-jo-, -we-/-wo-), -â- (-jâ-/-î-).
II: Diftonge suffixen: -ei-/-oi-/-i-, -eu-/-ou-/-u-, -ĕn-/-ŏn-/-n-, -ĕr-/-ŏr-/-r-.
III: Consonante suffixen: -es-/-os-, -ent-/-ont-/-nt-, -et-/-ot-/-t-.
En dan zijn er nog zelfstandige naamwoorden die geen stamsuffix hebben, en die de uitgangen direct achter de stam plaatsen.
Vanaf het moment dat de uitgangen niet meer de klemtoon hadden werden de i- en u-stammen monoftong, of verdwenen de uitgangen zelf. Om deze reden worden de Germaanse stammen thans nog maar verdeeld in twee groepen, nl. Vocalische stammen (-o-, -â-, -i- en -u-stammen) en Consonante stammen (alle andere).
De stammen worden uitgebreid behandeld in het tweede gedeelte van de zelfstandige naamwoorden, de buigingsvormen.

5 Categorieën van de zelfstandige naamwoorden.

De gegevens over categorieën gelden voor alle naamwoorden, muv. de persoonlijke voornaamwoorden (deze staan in die gevallen apart vermeld)

A. Grammaticaal geslacht.

De Germaanse talen hebben (oorspronkelijk), net als alle andere Indoeuropese talen drie geslachten, nl. mannelijk, vrouwelijk en onzijdig. Deze drie begrippen hebben oorspronkelijk niets te maken met de geslachten zoals die in de natuur voorkomen. Dit onderscheid is pas later ontstaan, waarschijnlijk in de tijd dat de mens landbouw ging bedrijven. In de Germaanse talen zijn er bij de geslachten enkele vereenvoudigingen geweest: In het Deens en Zweeds zijn het mannelijk en vrouwelijk volledig samengevloeid. In het Engels en Afrikaans is alle geslachtsonderscheid verdwenen. In het Nederlands en het Bokmål zijn het mannelijk en vrouwelijk grotendeels samengevallen. Het onzijdig is op de nom. en de acc. na geheel gelijk aan het mannelijk. Dit is omdat het onzijdig oorspronkelijk geen nominatief had omdat de worden die onzijdig waren dingen uitbeeldden die niet in het onderwerp konden komen. In latere tijd heeft men de acc. vorm. in de nominatief gesubstitueert.

B. Getal.

Oorspronkelijk had het Indoeuropeesche zelfstandige naamwoord drie getallen, het enkelvoud (singularis), het tweevoud (dualis) en het meervoud (pluralis). In de meeste moderne talen is het tweevoud verdwenen. Een tweevoud bestaat nog b.v. in het Bretons (een Keltische taal). Het wordt daar gevormd d.m.v. een voorvoegsel bij woorden die dingen aanduiden die meestal in tweevoud voorkomen. Vb: lagad (mannelijk, oog), tweevoud: daoulagad; skouarn (vrouwelijk, oor), tweevoud diskouarn, divskouarn. In de persoonlijke voornaamwoorden van de eerste en tweede persoon zijn er in de Germaanse talen Gotisch, Oudnoords, Oernoords, IJslands, Oudengels en Oudsaksisch nog resten van tweevouden (wit = wij tweeën)

C. Naamvallen.

Naamvalvormen zijn ontstaan uit achtervoegsels. Dit waren oorspronkelijk waarschijnlijk achterzetsels die met het woord vervloeid waren. Omdat in de Germaanse talen de klemtoon aan het begin van een woord kwam te liggen zijn de klanken in die achtervoegsels verzwakt, en is veel gevallen zijn de uitgangen zelfs verdwenen. Deze uitgangen zijn dan vervangen door voorzetsels

In de Indoeuropese tijd waren er acht naamvallen, die in het Sanskrit, de heilige taal van de indiërs alle bewaard zijn gebleven.
Deze zijn, met een korte beschrijving van de betekenis:
1. Nominatief: Dit is de naamval waarmee het onderwerp wordt aangeduid
2. Genitief: Dit is de naamval die een bezit aanduidt. Vb. de hond van de man. Van de man is dan genitief (Hoogduits: des Mannes)
3. Datief: Dit is de naamval waarmee het meewerkend voorwerp wordt aangeduid.
4. Accusatief: Dit is de naamval waarmee het lijdend voorwerp wordt aangeduid.
5. Instrumentalis: Dit is de naamval die een woord aanduidt als noemend het middel tot het gebeuren.

6. __Vocatief__: Dit is de naamval die de aanspreekvorm aanduidt.
7. __Ablatief__: Dit is de naamval die antwoord geeft op vragen als waarvandaan, waarmee, wanneer, waar.
8. __Locatief__: Dit is de naamval die een betrekking van plaats uitdrukt, dus antwoord geeft op de vraag waar.

6 Uitgangen van het Indoëuropees die we in het Germaans terugvinden.

Enkelvoud.

__Nominatief__: ① -s, bij -o-, -i-, -u- stammen, en stammen die eindigen in stops. De uitgang -s is Germaans -z geworden. In Gotisch werd dit weer -s en in de Noord- en Westgermaanse talen -r. In de Westgermaanse talen is deze -r verdwenen (zie paradigma).

② geen uitgang bij â-, î- (jâ-/je-) stammen en stammen met de suffixen op -n-, -r-, -s-.

__Genitief__: oorspronkelijk -es/-os/-s bij zelfstandige naamwoorden en -so bij voornaamwoorden.

① -es/-os/-s, bij alle stammen m.u.v. de o-stammen. Waarschijnlijk zijn ook de Germaanse â-, i- en u-stammen afgeleid van de pronominale uitgang. Deze vorm, met -s, is dezelfde kant opgegaan als de -s van de nominatief.

② -es/-os of -so, bij de â-, i- en u-stammen. Het is bij deze stammen niet geheel zeker of zij de nominale (= van zelfstandige naamwoorden) of de pronominale (= van voornaamwoorden) uitgang volgen. Het meest logisch zou ik de vorm op -es/-os vinden omdat de gen. ev. van de â-, i- en u-stammen dezelfde geschiedenis hebben als de nominatief. (In de paradigma heb ik de vorm op -so aangehouden)

③ -so, bij o-stammen. Door de -o bij de uitgang -so is de -s in de Germaanse talen niet in -z veranderd, dus is er geen -r ontstaan bij de Noord- en Westgermaanse talen. De genitief enkelvoud eindigt in alle germaanse talen op -s.

__Datief__: De uitgang was -ai. Deze vorm is in de Germaanse talen niet bewaard. De Germaanse datieven zijn nl. afgeleid van de Indoeuropese Locatieven.

__Accusatief__: De uitgang was -m. Deze uitgang is in alle Germaanse talen verdwenen.

__Instrumentalis__: De Germaanse talen die een instrumentalis hebben, hebben er een met lange suffix-klinker, maar zonder echte uitgang. Instrumentalissen komen voor in de Oudsaksische en Oudhoogduitse talen bij de o-, i- en u-stammen. De Noord- en Westgermaanse datieven van de â-klasse zijn oude instrumentalissen die als datief gebruikt worden.

__Vocatief__: De Vocatief had oorspronkelijk geen uitgang. Van de nominatief afwijkende vocatieven komen voor bij het Gotisch in de (mannelijke) o-, i-, u- en -nd stammen. Ook in de vrouwelijke i- en u-stammen zouden aparte vocatieven kunnen hebben. Zij zijn echter niet overgeleverd.

__Ablatief__: De uitgangen van de o-stammen waren -ôd, -êd. De Gotische datief wulfa is theoretisch van de ablatief af te leiden.

__Locatief__: Deze eindigde in -i. Van deze vorm zijn alle Germaanse datieven enkelvoud af te leiden. De enige uitzonderingen zijn de datieven die van de instrumentalissen komen.

Meervoud.

Nominatief: De uitgang is -es. Deze geldt voor alle Germaanse stammen. De uitgang van de Nominatief en Accusatief onzijdig is oorspronkelijk -â, dat in het Gotisch -a werd en Noord- en Westgermaans -u. De -s van het mannelijk ging dezelfde weg als de -s van de Nominatief enkelvoud.

Genitief: De uitgang die in de Germaanse talen voortleeft is -õm dat weer voortkomt uit -om. In de Germaanse talen is de -m verdwenen en de -õ in -ẽ veranderd.

Datief, Instrumentalis, Ablatief: Deze drie naamvallen hadden in de Indoeuropese oertijd practisch gelijk. In de Germaanse talen eindigt de datief meervoud op -m. Dit is afgeleid van -mis of -mos. -mis was de uitgang van de instrumentalis, -mos was de uitgang van de datief en de ablatief. Aan alleen de -m is niet afte leiden of de uitgang -mos of -mis was, dus het kan van beide afgeleid zijn.

Accusatief: De uitgang was -ns die in alle stammen voorkomt. De uitgang -ns, die Oudengels en Oudsaksisch -s geworden is, is in die talen ook naar de nominatief overgegaan. (alleen bij de mannelijke o-stammen).

Locatief: De uitgang die -su of -si was is in geen enkele Germaanse taal overgeleverd.

Het meervoud had geen vocatief.

DE BUIGINGS-
VORMEN.

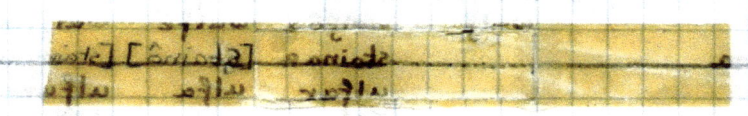

1 Inleiding

Hieronder en hierna volgen de paradigma en de besprekingen van de diverse vormen. Voor ik hiermee begin wil ik eerst enkele aantekeningen maken. De paradigma bestaan in bijna alle gevallen uit twee getallen, enkelvoud en meervoud. Het enkelvoud is verdeeld in vier tot zes naamvallen. Deze zijn, in volgorde: nominatief (afk. nom.), genitief (gen.), datief (dat.), accusatief (acc.), instrumentalis (ins.) en vocatief (voc.). De vocatief is slechts vermeld als deze een vorm heeft die afwijkt van die van de nominatief (dit komt slechts voor bij het Gotisch en de (waarschijnlijke) Oergermaanse en Indoeuropese vormen). De instrumentalis is slechts vermeld als deze een vorm heeft die afwijkt van die van de datief (dit komt slechts voor bij het Oudsaksisch en het Oudhoogduits en de (waarschijnlijke) Oergermaanse en Indoeuropese vormen). De genitief is niet vermeld als ik geen vorm kon vinden die zonder een voorzetsel als Nederlands "van" de genitief omschrijft. De nominatief, datief en accusatief zijn in alle gevallen opgeschreven. In het Indoeuropees waren er nog twee naamvallen, de locatief en de ablatief, deze zijn in het Germaans echter samengevallen met de datief. Het meervoud heeft steeds vier naamvallen (nom., gen., dat., acc.) De voc. is hier steeds gelijk aan de nom., de ins, ablatief en locatief zijn alle gelijk aan de datief.
Vormen die bekend zijn, en die de uitgang van de desbetreffende stam hebben worden zwart geschreven: b.v. Go. wulfs (wolf, nom.). Vormen die niet bekend zijn, maar waarvan men de vorm gereconstrueerd heeft, worden blauw met rechte haken eromheen geschreven. b.v. Go. [faíhaus] (vee, geld, gen.). Vormen die niet tot de oorspronkelijke verbuigingsklasse behoren, maar zijn overgegaan in een andere worden groen geschreven waarna lichter deze vorm in de roode klasse staat aangegeven waarin de vorm is overgegaan. b.v. Go. balgis o (leren zak, gen. (balgs (=nom.) is een zelfstandig naamwoord van de i-verbui-

qing. Ik het geheel ingedeelt in de 10 oorspronkelijke verbuigingsklassen, die voor de germaanse talen van belang waren. De Indoeuropese (waarschijnlijke) vormen zijn vermeld om te laten zien hoe deze vormen waarschijnlijk waren en hoe de germaanse vormen hieruit ontwikkeld zijn.

2 De o-stammen

A. zuivere o-stammen.

MANNELIJK

	enkelvoud.						meervoud.			
	nom.	gen.	dat.	acc.	ins.	voc.	nom.	gen.	dat.	acc.
IE	[-e-/-o-s]	[-e-/-o-so]	[-e-/-o-i]*)	[-e-/-o-m]	[-e-/-o-]	[-e-/-o-]	[-ōs]	[-om]	[-e-/-o-mos/-mis]	[-e-/-o-ns]
Uger.	[wulfaz]	[wulfaes]	[wulfai]	[wulfa(m)]	[wulfu]	[wulfa]	[wulfôs]	[wolfom]	[wulfam]	[wulfanz]
Go.	wulfs	wulfis	wulfa	wulf		wulf	wulfôs	wulfê	wulfam	wulfans
Un.	wiwaʀ	asugisalas	wayê	staina			stainaʀ	[stainô]	[stainumʀ]	[stainan(n)]
On.	ulfr	ulfs	ulfi	ulf			ulfar	ulfa	ulfum	ulfa
Ijsl.	úlfur	úlfs	úlfi	úlf			úlfar	úlfa	úlfum	úlfa
Nn.	ulv		ulv	ulv			ulvar		ulvar	ulvar
Bm.	ulv	ulvs	ulv	ulv			ulver	ulvers	ulver	ulver
De.	ulv	ulvs	ulv	ulv			ulve	ulves	ulve	ulve
Zw.	ulv	ulvs	ulv	ulv			ulvar	ulvars	ulvar	ulvar
Oe.	wulf	wulfes	wulfe	wulf			wulfas	wulfa	wulfum	wulfas
Me.	wolf	wolfes	wolf(e)	wolf			wolfes	wolfes	wolfes	wolfes
Ne.	wolf	wolf's	wolf	wolf			wolfs	wolfs'	wolfs	wolfs
Fr.	wolf		wolf	wolf			wolfen		wolfen	wolfen
Os.	wulf	wulfes	wulfe	wulf	wulfu		wulfos	wulfo	wulfum	wulfos
Mnl.	wolf	wolfs	wolfe	wolf			wolfe i	wolfe	wolfen	wolfe i
Nnl.	wolf	wolfs	wolf	wolf			wolven	wolven	wolven	wolven
Afr.	wolf		wolf	wolf			wolwe		wolwe	wolwe
Ohd.	wolf	wolfes	wolfe	wolf	wolfu		wolfâ	wolfo	wolfum	wolfâ
Mhd.	tac	tages	tage	tac			tage	tage	tagen	tage
Nhd.	Tag	Tag(e)s	Tag(e)	Tag			Tage	Tage	Tagen	Tage

*) noot: dit is de locatief vorm. van deze vorm zijn alle germaanse "dat. enkelv." afgeleid.

ONZIJDIG

	IE	[-e-/-o-m]	[-e-/-o-so]	[-e-/-o-i]	[-e-/-o-m]	[-e-/-o-]	[-e-/-o-]	[-e-/-o-ā]	[-om]	[-e-/-o-mos/-mis]
Ugerm.	[barna]	[barnaes]	[barnai]	[barna(m)]	[barnu]	[barna]	[barnā]	[barnom]	[barnam]	[barnā]
Go.	barn	barnis	barna	barn			barna	barnê	barnam	barna
Un.	horna	godagas	[borê]	horna			[boru]	[borô]	borumʀ	[boru]
On.	barn	barns	barni	barn			bǫrn	barna	bǫrnum	bǫrn
Ijsl.	barn	barns	barni	barn			börn	barna	barnum	börn
Nn.	barn		barn	barn			barn		barn	barn
Bm.	barn	barns	barn	barn			barn	barns	barn	barn
De.	barn	barns	barn	barn			børn	børns	børn	børn
Zw.	barn	barns	barn	barn			barn	barns	barn	barn

Oe.	bearn	bearnes	bearne	bearn		bearn	bearna	bearnum	bearn
Me.	horn	hornes	horn(e)	horn		hornes	hornes	hornes	hornen
Ne.	horn	horn's	horn	horn		horns	horns'	horns	horns
Fr.	bern		bern	bern		bern		bern	bern
Os.	barn	barnes	barne	barn	barnu	barn	barno	barnum	barn
Mnl.	wort	worts	worte	wort		worte	worte	worten	worte
Nnl.	woord	woords	woord	woord		woorden	woorden	woorden	woorden
Afr.	woord		woord	woord		woorde		woorde	woorde
Ohd.	barn	barnes	barne	barn	barnu	barn	barno	barnum	barn
Mhd.	wort	wortes	worte	wort		wort	worte	worten	wort
Nhd.	Brot	Brot(e)s	Brot(e)	Brot		Brote	Brote	Broten	Brote

Bepaalde vormen, vooral Noordgermaanse vormen hebben Umlaut in het meervoud. Ook het Oe. heeft wel Umlaut. Mhd. en Nhd. vormen van woorden die oorspronkelijk hier stonden en die Umlaut hebben hebben die overgenomen van woorden met i-stam. Een bespreking van de vormen is:

Nominatief enkelvoud (mannelijk): De uitgang die U-germ. -z was is in de oostgermaanse talen -s geworden en in de Noord- en West germaanse talen -r (rhotacisme). In de Westgermaanse talen en de moderne Noordgermaanse talen (m.u.v. Yslands) is de -r later weer afgevallen. De stam suffix (-a-) is alleen in het Un. bewaard gebleven. Het Ysl. heeft, waarschijnlijk omdat b.v. ulfr zo vervelend uitsprak, er weer een klinker (-u-) tussengevoegd.

Nominatief enkelvoud (onzijdig): In het IE hadden de onzijdige woorden, omdat ze niet of praktisch niet als onderwerp werden gebruikt, geen nominatief. In de Germaanse talen gebruikt men de accusatief vorm in de nominatief.

Genitief enkelvoud: De uitgang -s heeft zich in alle talen gehandhaafd. De ervoorstaande klinker echter niet. Alleen bij het Go. en Un. was dit nog een echte volle klinker. In alle (latere) andere talen is de klinker verzwakt of verdwenen. In de oudste Engelse documenten komen genitief enkelvoud vormen op -æs voor (nog onverzwakt)

Datief enkelvoud: De oorspronkelijke uitgang is in veel moderne Germaanse talen verdwenen. Sommige On. woorden hebben geen uitgang (b.v. hring). Deze vormen zijn waarschijnlijk oude instrumentalissen die in -ō eindigden.

Accusatief enkelvoud: De IE-uitgang -m is in alle Germaanse talen verdwenen. De stam suffix (-a-) is alleen in het Un. bewaard gebleven.

Instrumentalis: De onzijdige vormen stonden niet in de tabel waar ik mijn woorden vandaan haalde. Ik heb deze vormen gevormd naar het mannelijk omdat het mannelijk en het onzijdig (m.u.v. de nominatief en soms de accusatief) aan elkaar gelijk zijn.

Nominatief meervoud (mannelijk): De moeilijkheid hier zijn de Westgermaanse vormen op -s. De beste verklaring hier is dat deze vormen overgenomen zijn van Oostgermaanse talen. De sprekers van deze talen woonden toen aan de gebieden van Westgermaanse sprekers en men vermoedt dat de Westgermaanse spreker de

Oostgermense vorm heeft overgenomen. Alleen bij het engels is de -s gebleven als belangrijkste meervoudsvorm (de -s bij andere talen is in latere tijden weer gegroeid en steeds belangrijker geworden, maar b.v. in het Mnl. waren er maar heel weinig woorden die op -s uitgingen). De -en in het Nnl. komt van de Datief. De deense vorm is -e. De meest voorkomende Deense meervouds vorm is -er. Bij een gedeelte van de woorden is de -r afgevallen.

Genitief meervoud: De oorspronkelijke -m. is in alle Germaanse talen afgevallen. Bij de talen De. en Zw. heeft men als gen. mv. vorm de vorm van de nom. mv. (die in alle naamvallen wordt gebruikt) met daarachter geplakt de genitief -s die uit het enkelvoud komt. In het Nieuwengels gebruikt men de nominatief vorm met erna een apostrof om de genitief aan te duiden. In het Nieuwnederlands de vorm die van de datief is overgenomen.

Datief meervoud: De Un. vorm komt waarschijnlijk uit de i-deklinatie. De Nn, Bm, De en Zw. vormen zijn de voor het gehele meervoud gebruikte nominatief vormen. Ook het engels doet dit. De overige vormen zijn regelmatig.

Accusatief meervoud (mannelijk): De uitgang -ans komt nog voor bij het Gotisch en het Un (an(n) < anz). De westgermaanse vormen op -s zijn te verklaren doordat de -n- is weggevallen.

Nominatief en accusatief meervoud (onzijdig): De oorspronkelijke uitgang -ā is in het Gotisch -a geworden en in de Noord en Westgermaanse talen -u. Deze u is in het On. in alle gevallen verdwenen en in de Westgermaanse talen na een lange lettergreep: On bęrn < barna. Oe. bearn : scipu, Os. barn : skipu Ohd : barn. In het Ohd bestond de -u alleen nog in jo-stammen en verkleinwoorden. De Me. en Ne. meervoudsvormen heb ik groen geschreven omdat deze geheel zijn overgenomen van het mannelijk. (In het engels is het verschil in grammaticaal geslacht helemaal verdwenen) De Mnl, Nnl, Afr en Nhd vormen op -e(n) komen van de andere naamvallen (gen of dat). Bern is (samen met skiep) het enige Friese woord dat geen uitgang in het meervoud heeft.

B. wo-stammen.

In het hier onder staande paradigma worden alleen vormen vermeld van talen die vormen hebben die afwijken van zuivere o-stammen.

	enkelvoud				**MANNELIJK**	meervoud			
	nom.	gen.	dat.	acc.	voc.	nom.	gen.	dat.	acc.
Go.	[þius]	[þiwis]	[þiwa]	[þiu]	[þiu]	þiwōs	þiwē	[þiwam]	[þiwans]
On.	sǫngr	sǫngs	sǫngvi	sǫng		sǫngvar	sǫngva	sǫngum	sǫngva
Ìsl.	söngur	söngs	söngvi	söng		söngvar	söngva	söng(v)um	söngva
Oe.	pēo(w)	pēowes	pēowe	pēo(w)		pēowas	pēowa	pēowum	pēowas
Ohd.	deo	dewes	dewe	deo		dewā	dewo	dewum	dewā
Mnd.	schate	schatewes	schate	schate		schate	schate	schaten	schate

In enkele gevallen is dus de -w- afgevallen. In alle andere talen zijn de -w-'s geheel weggevallen.

Er zijn ook onzijdige vormen met -w-:

	Enkelvoud		ONZIJDIG		Meervoud			
	nom.	gen.	dat.	acc.	nom.	gen.	dat.	acc.
Go.	triu	triwis	triwa	triu	triwa	triwê	triwam	triwa
On.	bǫl	bǫls	bǫlvi	bǫl	bǫl	bǫlva	bǫlum	bǫl
	trē	trēs	trē	trē	trē	trjám	trjám	trē
Ysl.	trje	trjes	trje	trje	trje	trjám	trjám	trje
Oe.	treo(w)	treowes	treowe	treo(w)	treowas	treowa	treowum	treowas
Os.	treo	trewes	trewe	treo	trewos	trewo	trewum	trewos

In de On, Ysl. vormen van trē en trje zit geen -w- of -v- meer. Dat deze -w- er ooit geweest moet zijn is te halen uit de gen. dat. meervoud.

C. jo-stammen

In de onderstaande paradigma zijn alleen vormen opgenomen van talen waarin de invloed van de -j- nog herkenbaar is.

a. kortstammige jo-stammen.

	Enkelvoud		MANNELIJK			Meervoud			
	nom.	gen.	dat.	acc.	voc.	nom.	gen.	dat.	acc.
Go.	harjis	harjis	harja	[hari]	[hari]	harjōs	harjē	harjam	harjans
On.	niðr	niðs,-jar	nið	nið		niðjar	niðja	niðjum	niðja
Oe.	here	heries	herie	here		heria	heria	herium	heria
Os.	heri	heries	herie	heri		herios	herio	herium	herios

ONZIJDIG

	nom.	gen.	dat.	acc.		nom.	gen.	dat.	acc.
Go.	kuni	kunjis	kunja	kuni		kunja	kunjē	kunjam	kunja
On.	—	hari (?)	—	—		—	—	—	—
On.	kyn	kyns	kyni	kyn		kyn	kynja	kynjum	kyn
Ysl.	nes	ness	nesi	nes		nes	nesja	nesum	nes
Oe.	cyn(n)	cynnes	cynne	cyn(n)		cyn(n)	cynnia	cynnium	cyn(n)
Os.	kunni	kunnies	kunnie	kunni		kunni	kunnio	kunnium	kunni
Ohd.	kunni	kunnes	kunne	kunni		kunni	kunno	kunnum	kunni
Mhd.	künne	künnes	künne	künne		künne	künne	künnun	künne

b. langstammige jo-stammen.
MANNELIJK

Go.	hairdeis	hairdeis	hairdja	hairdi	hairdi	hairdjōs	hairdjē	hairdjam	hairdjans
On.	haeruwulafir	—	—	—		—	—	—	—
On.	hirðir	hirðis	hirði	hirði		hirðar	hirða	hirðum	hirða
Ysl.	hirðir	hirðis	hirði	hirði		hirðar	hirða	hirðum	hirða
Oe.	hierde	hierdes	hierde	hierde		hierdar	hierda	hierdam	hierdar
Os.	hirdi	hirdies	hirdie	hirdi		hirdios	hirdio	hirdium	hirdios

Ohd.	hirti	hirtes	hirte	hirti		hirte	hirto	hirtum	hirtā
Mhd.	hirte	hirtes	hirte	hirte		hirte	hirte	hirten	hirte
Nhd.	Käse	Käses	Käse	Käse		Käse	Käse	Käsen	Käse

ONZIJDIG

Go.	reiki	reikjis	reikja	reiki		reikja	reikjē	reikjam	reikja
Un.	–	–	–	arbja		–	–	–	–
On.	ríki	ríkis	ríki	ríki		ríki	ríkja	ríkjum	ríki
Ijsl.	ríki	ríkis	ríki	ríki		ríki	ríkja	ríkjum	ríki
Oe.	rice	rices	rice	rice		ricu	rica	ricum	ricu
Os.	ríki	ríkies	ríkie	ríki		ríki	ríkio	ríkium	ríki
Ohd.	ríchi	ríches	ríche	ríchi		ríchi	rícho	ríchum	ríchi
Mhd.	ríche	ríches	ríche	ríche		ríche	ríche	ríchen	ríche

De vormen van de talen die niet vermeld zijn, zijn over het algemeen naar de o-stammen gegaan. De Mnl vormen die in de nom. enkelv. op -e uitgingen zijn overgegaan naar de -n-stammen. De meeste hedendaagse talen hebben de uitgangsklinker (-e) verloren (b.v. Nhd. Hirt). Het Hoogduits heeft geen kortstammige jo-stammen (heri en endi zijn onzijdig). De uitgangen zijn af te leiden van die van de zuivere o-stammen waarbij er invloed van de -j- is. Dit uit zich vooral b.v. in de nom. enkelv. die op een klinker uitgaat bij de Westgermaanse talen. De verschillen in uitgang tussen lang- en kortstammige vormen is het gevolg van de kwantiteit van de stam. In latere tijden valt dit verschil weg. De verbuigingen van het Mhd. künne is hetzelfde als van ríche. In het Gotisch is ook de verbuiging van de onzijdige jo-stammen (zowel kort als langstammig aan elkaar gelijk). De -j- in de Gotische nom. enkv. (harjis) is waarschijnlijk overgenomen uit de naamvallen die de -j- al van huis uit hadden (gen en dat. ev. en de hele meervoud). De -ei- in hairdeis is het gevolg van contractie (samentrekking) binnen de lettergreep. In het On. de -j- bleef bestaan voor laatste klinkers na een korte stam en na -k- of -g-. (vb. nidja, ríkja maar hirða) De -i in de accusatief enkelvoud (hirdi) is overgenomen uit de andere naamvallen enkelvoud. De kortstammige mannelijke -jo- stammen zijn bijna allen (bij het On) in de -i-stammen overgegaan. De datief enkelv. is hier op dezelfde wijze te verklaren als de vorm zonder uitgang bij ze zuivere -o-stammen. Bij de gen. enkelv. treedt hier soms de uitgang -jar op. Deze is overgenomen uit de -i-stammen. De Westgermaanse vormen corresponderen (komen overeen) met de Gotische vormen. De laatste medeklinkers van de stam zijn verdubbeld voor -j-. (muv. de -r). Het Ohd heeft geen verschil tussen lang- en kortstammige -jo- stammen.

Oorspronkelijk waren alle Westgermaanse -jo-stammen met uitzondering van die die in -r- eindigden lang, maar sinds een dubbele medeklinker een lange lettergreep inhoudt, doet dit niet meer ter zake.

3 De â-stammen

A. zuivere â-stammen

Alle Germaanse â-stammen zijn vrouwelijk. In andere Indoeuropese talen komen wel mannelijke â-stammen voor. Deze woorden stellen dan mannelijke personen voor. (vb. Latijn: pirata, Oudslavisch: sluga, Grieks νεανίας (neanías) (betekenis respectievelijk: piraat, dienaar, jeugd; jongeling))

	Enkelvoud				Meervoud			
	nom.	gen.	dat.	acc.	nom.	gen.	dat.	acc.
IE	[-â]	[-â-es]	[-a-i]	[-â-m]	[-ôs]	[-â-om]	[-â-mes/-mos]	[-ôs]
Uger.	[ʒibô]	[ʒibôz]	[ʒibôi]	[ʒibô(m)]	[ʒibôz]	[ʒibô(m)]	[ʒibâm]	[ʒibôz]
Go.	giba	gibôs	gibai	giba	gibôs	gibô	gibôm	gibôs
Un.	gitu	[gibôR]	sôlu	alai(b)u	rûnor	haiðrûnô	[gibôm]	rûnor
On.	giof	giafar	giof	giof	giafar	giafa	giofum	giafar
Ísl.	nál	nálar	nál	nál	nálar	nála	nálum	nálar
Nn.	heinding		heinding	heinding	hendingar		hendingar	hendingar
Bm.	hending	hendings o	hending	hending	hendinger	hendingers o	hendinger	hendinger
De.	sol	sols o	sol	sol	sole	soles o	sole	sole
Zw.	sol	sols o	sol	sol	solar	solars o	solar	solar
Oe.	giefu, âr	giefe	giefe	giefe	giefe			
Me.	give	gives o	give					
Ne.	give	give's o	gives	give				
Fr.	jefte	jefte	jefte	jeften	jeften	jeften	jeften	
Os.	geba, hwîl	geba	gebu	geba	geba	gebono n	gebun	geba
Mnl.	siele	siele(n n)	siele (n n)	siele	sielen n	sielen n	sielen	sielen n
Nnl.	ziel	ziel	ziel	ziel	zielen n	zielen n	zielen	zielen n
Afr.	siel		siel	siel	siele		siele	siele
Ohd.	geba, hwîl	geba	gebu	geba	gebâ	gebôno n	gebôm	gebâ
Mhd.	gëbe	gëbe	gëbe	gëbe	gëbe	gëben n	gëben	gëbe
Nhd.	Gabe	Gabe	Gabe	Gabe	Gaben n	Gaben n	Gaben	Gaben n

In de westgermaanse talen is de -u van de nominatief enkelvoud bewaard na korte stammen, en afgeworpen na lange stammen. Alleen in het Oudengels wordt dit echter consequent door gevoerd. (giefu en âr) In het Os. en Ohd (en de daarvan afgeleide talen) hebben zowel kort- als langstammige de uitgang -a < âm. Een voorbeeld is het Os, Ohd. êra tov. het Oe âr. Slechts een paar woorden hebben de vorm zonder -a bewaard, zoals hwîl.

Verklaring groengeschreven vormen: In de Noordgermaanse talen (zonder Íslands) is het verschil tussen mannelijk en vrouwelijk verdwenen. Ook wordt daar de genitief -s gebruikt voor alle geslachten, alle stamvormen en alle getallen (enkelvoud en meervoud) In het Me. en Ne. is bij de zelfstandige naamwoorden alle geslachtsonderscheid verdwenen. Alle zelfstandige naamwoorden worden dus in principe hetzelfde verbogen. Aangezien ik de o-stammen als regelmatig beschouw heb ik de vormen hier als komende van de o-stammen voorgesteld. De OS, Ohd. gen. meervoud is de vorm van de n-stammen. In latere tijden zijn in het Mnl, Nnl. en Nhd. de vormen van de â- en de n-stammen samengegaan.

De verklaring van de Deense meervoudvormen is hetzelfde als bij de o-stammen.

De verklaring van de overige vormen is over het algemeen wel duidelijk: Nominatief enkelvoud: De Noordgermaanse talen hebben de uitgang verloren. In het Nnl. en Afr. zijn in alle naamvallen ev. de uitgangen verdwenen.

De nominatief is steeds gelijk aan de accusatief, in het ev. doordat de acc. vorm z'n -m verloren heeft, in het mv. doordat in de acc. de nom. vorm gebruikt wordt.

B. wâ-stammen.

De wâ-stammen verschillen in het geheel niet van zuivere â-stammen. De enige verschillen zitten in de -w-. In het Gotisch is de -w- overal behouden: Nom ev. bandwa; Gen. ev. bandwôs enz.

Bij het On. valt de -w- aan het einde en voor u weg: Nom ev. dǫgg gen ev: dǫggvar enz. In het Yslands leeft de -w- nog in de nom pl. van dögg: döggvar (ook wel daggir). In de moderne Noordgermaanse talen is de -w- steeds weggevallen. In de westgermaanse talen -w- verdween voor laatste klinkers, maar door analogie en secundaire veranderingen is er veel veranderd in de oorspronkelijke vormen. Oe. beadu < baðwâ, -wu, dat. mv. beadwum met analoge -w-. Os. en Ohd hebben slechts een paar vormen met -w- overgeleverd, zoals: de Os dat. mv. brâwon en de Ohd nom. ev. brâwa, brâa, brâ.

C. jâ-stammen

In de onderstaande paradigma zijn alleen vormen opgenomen waarin de invloed van de -j- nog merkbaar is.

a. kortstammige jâ-stammen.

	Enkelvoud				Meervoud			
	nom.	gen.	dat.	acc.	nom.	gen.	dat.	acc.
Go.	sunja	sunjôs	sunjai	sunja	sunjôs	sunjô	sunjôm	sunjôs
On.	ben	benjar	ben	ben	benjar	benja	benjum	benjar
Ysl.	skel	skeljar	skel	skel	skeljar	skela	skelum	skeljar
Oe.	benn	benie	benie	benie	benie	benia	benium	benie
Os.	hel	helia	heliu	helia	helia	helionon	heliun	helia
Ohd.	gutin	gutinia	gutiniu	gutinia	gutinia	gutiniohon	gutinium	gutinia

b. langstammige jâ-stammen.

	nom.	gen.	dat.	acc.	nom.	gen.	dat.	acc.
Go.	bandi	bandjôs	bandjai	bandja	bandjôs	bandjô	bandjôm	bandjôs
	mawi	maujôs	maujai	mauja	maujôs	maujô	maujôm	maujôs
Un.	—	—	alfiu (?)	elifi (?)	—			

On.	heiðr i	heiðar	heiði	heiði	heiðar	heiða	heiðum	heiðar
Ýsl.	reyður i	reyðar	reyði	reyði	reyðar	reyða	reyðum	reyðar
Oe.	bend	bendie	bendie	bendie	bendie	bendia	bendium	bendie
Os.	sibbia	sibbia	sibbiu	sibbia	sibia	sibbionon	sibbiun	sibbia
Ohd.	sippa	sippa	sippu	sippa	sippā	sippionon	sippōm	sippa

Uit het hierbovenstaande blijkt over het algemeen wel waar nog -j- voorkomt. In de andere talen is de -j- verdwenen. In de Westgermaanse talen (m.n. Hoogduits) is de -j- nog herkenbaar aan de Umlaut die in alle naamvallen ev. en meervoud optreed. De On., Ýsl. vorm van de nominatief komt waarschijnlijk uit de i-stammen (dit is nl. niet geheel zeker).

4. De i-stammen.

MANNELYK.

	Enkelvoud						Meervoud			
	nom.	gen.	dat.	acc.	ins.	voc.	nom.	gen.	dat.	acc.
IE	[-ei-s]	[-oi-so]	[ēi<-ēi-i]	[-ei-m]	[-ei]	[-ei]	[-ei-es]	[-ei-om]	[-ei-mos/-mis]	[-ei-ns]
Uger.	[ʒastiz]	[ʒastēz]	[ʒastī]	[ʒast(im)]	[ʒastu]	[ʒasti]	[ʒasteiz]	[ʒastom]	[ʒastim]	[ʒastins]
Go.	balgs	balgis	balga	balg		balg	balgeis	balgē	balgim	balgins
An.	þaliR	...ywinaR	[gastî]	hal(l)i			[gastiR]	[gasto o]	gestumR	gastin(r
On.	gestr	gests o	gesti	gest			gestir	gesta o	gestum o	gesti
Ýsl.	gestur	gests o	gesti	gest			gestir	gesta o	gestum o	gesti
Nn.	bekk		bekk	bekk			bekkar		bekkar	bekkar
Bm.	bekk	bekks o	bekk	bekk			bekker	bekkers o	bekker	bekker
De.	ven	vens o	ven	ven			venner	venners o	venner	venner
Zw.	gäst	gasts o	gäst	gäst			gäster	gasters o	gäster	gäster
Oe.	giest	giestes o	gieste	giest			gieste-as o	giesta o	giestom	gieste -as o
Me.	guest	guests o	guest	guest			guests o	guests o	guests o	guests
Ne.	guent	guent's o	guent	guent			guents o	guents' o	guents	guents
Fr.	gast		gast	gast			gasten		gasten	gasten
Os.	gast	gastes o	gaste	gast	gastu		gesti	gestio	gestiun	gesti
Mnl	gast	gasts o	gaste	gast			gaste	gaste	gasten	gaste
Nnl.	gast	gasts o	gast	gast			gasten	gasten	gasten	gasten
Afr.	gas		gas	gas			gaste		gaste	gaste
Ohd.	gast	gastes o	gaste	gast	gastu		gesti	gest(e)o	gestim	gesti
Mhd.	gast	gastes o	gaste	gast			geste	geste	gesten	geste
Nhd.	Gast	Gast(e)s o	Gaste	Gast			Gäste	Gäste	Gästen	Gäste

¹) noot: De oorspronkelijke (echte) gen. ev. komt bij groepen woorden nog voor. b.v. bij On. fundr Ýsl. fundur. De gen. ev. is hier fundar.

onzijdig

Oe.	spere	speres o	spere	spere			speru o	spera o	sperum o	speru o
Os.	ur-lagi	-lag(i)es	-lag(i)e	lagi	-lag(i)u		-lagu o	-lagio	-lagiun	-lagu o
Mnl	or-loghe	-loghen	-loghe	-loghe			-loghen	-loghen	-loghen	-loghen

VROUWELIJK

IE.	[-ei-s]	[-oi-so]	[-ei-i]	[-ei-m]	[-ei]	[-ei-es]	[-ei-om]	[-ei-mos/mis]	[-ei-ns]
Uger.	[anstiz]	[anstiz]	[ansti]	[ansti(m]	[ansti]	[ansteiz]	[anstei(m]	[anstim]	[anstins]
Go.	ansts	anstais	anstai	anst	[anst]	ansteis	anstê	anstim	anstins
An.	[anstiR]	[anstôR]	[anst(i)]	strąntu	[anstiR]	[anstôR]	[anstumR]		[anstiR]
On.	pǫkk"â	pakkarâ	pǫkk"â	pǫkk"â	pahkir	pakkaâ	pǫkkumâ		pahkir
Ysl.	tíðâ	tíðarâ	tíðâ	tíðâ	tíðir	tíða â	tíðumâ		tíðir
Nn.	tid â		tid â	tid â	tider	ooh	tider		tider
Bm.	tid â	tids o	tid â	tid â	tider	tiders o	tider		tider
De.	tid â	tids o	tid â	tid â	tider	tiders o	tider		tider
Zw.	tid â	tids o	tid â	tid â	tider	tiders o	tider		tider
Oe.	dǣd	dǣde	dǣde	dǣd	dǣde	dǣda	dǣdum		dǣde
Me.	dêd	dêds o	dêd	dêd	dêds o	dêds o	dêds o		dêds o
Ne.	deed	deed's o	deed	deed	deeds o	deeds' o	deeds o		deeds o
Fr.	died		died	died	dieden		dieden		dieden
Os.	dâd	dâdi	dâdi	dâd	dâdi	dâdio	dâdiun		dâdi
Mnl.	daet	daet	daet	daet	dade	dade	daden		dade
Nnl.	daad	daad	daad	daad	daden	daden	daden		daden
Aft.	dâad		daad	daad	dade		dade		dade
Ohd.	tât	tâti	tâti	tât;	tâti	tât(e)o	tâtim		tâti
Mhd.	kraft	krefte, kraft		kraft	krefte	krefte	kreften		krefte
Nhd.	Kraft	Kraft	Kraft	Kraft	Kräfte	Kräfte	Kräften		Kräfte

¹) noot: van het On en IJslands zijn er ook nog vormen met de oorspronkelijke verbuiging in de Nom, Dat. en Acc. enkelvoud: On. nom. brúðr dat.acc. brúði IJsl. nom. brúður dat.acc: brúði.

De uitgangen van het mannelijk enkelvoud zijn steeds hetzelfde als bij de -o-stammen. Dit is waarschijnlijk meer door analogie dan door klankwettigheden ontstaan. Ik heb alleen de genitief van de Noord- en Westgermaanse talen gelijkgesteld aan de -o- stammen omdat deze bij de Noord- en Westgermaanse talen door rotacisme de oorspronkelijke -z in -r had moeten veranderen. In het Oudnoords en IJslands bestaat bij bepaalde woorden de -r nog. Oudnoords en IJslands: fundar. Bij de andere talen heb ik wel aangenomen dat de vormen klankwettig waren (door verlies van -i en -r) De oorspronkelijke Oud-engelse nom. mv. op -e is alleen overgeleverd in de oudste documenten. In latere tijden is deze -e echter regelmatig bij volksnamen zoals Engle. In de nom. en acc. ev. hebben de oude Westgermaanse talen de -i bewaard na kortstammige woorden, en verloren na langstammige. Voorbeelden bij mannelijke woorden: Oe: giest, wine; Os: gast, wini; Ohd: gast, wini.

Bij vrouwelijke woorden: Os: dâd, stedi; Ohd: tât, turi. Van het Oe zijn alleen langstammige woorden overgeleverd. (dǣd). In deze vormen is door analogie al veel veranderd. Voorbeelden: Ohd (mannelijk) slag, biz; die in Os slegi, biti zijn.

De vrouwelijke vormen hebben, beter dan de mannelijke vormen, de oorspronkelijke vormen bewaard. Dit is niet het geval in de Noordgermaanse talen, waar de meeste woorden naar de â-stammen zijn overgegaan.

De langstammige vrouwelijke woorden hadden in Os. en Ohd umlaut in de gen, dat ev. en in het meervoud:

Os: NA: fard gen,dat ferdi nom acc mv: ferdi gen: ferdio dat: ferdiun.
Ohd: fart   ferti   ferti   ferka   fertim

In het Mhd waren er nog wel vrouwelijke woorden zonder umlaut (zoals arbeit - mv. arbeite) dit waren vooral woorden die geen umlaut konden krijgen. In het Nhd. zijn de meeste woorden van de i-deklinatie die geen umlaut konden krijgen naar de â-verbuiging gegaan (dus vermengt met de n-verbuiging) Alleen woorden op -nis en -sal krijgen als uitgang -e, maar geen umlaut:
vb: Wildnis - Wildnisse, Mühsal - Mühsale.
In het Nederlands trad bijna geen umlaut op (wel bij bijvoorbeeld stad-steden) Onzijdige i-stammen waren altijd erg zeldzaam. Alleen in Oe en Os kwamen deze voor. De Oe gen ev en hele mv. zijn gelijk aan de o-stammen geworden. Bij het Os heb ik de vormen oorspronkelijk verondersteld omdat er een i- in de stam mogelijk is. De vormen met -i zijn dan ook gelijk aan de onzijdige -jo- stammen. De nom. acc mv. is gelijk aan de langstammige onzijdige -o-stammen. Voor de instrumentalis geld hetzelfde als wat gezegd is bij de -o-stammen.

5. De u-stammen.

MANNELIJK

	Enkelvoud						Meervoud			
	nom	gen.	dat.	acc.	ins.	voc.	nom.	gen.	dat.	acc.
IE	[-eu-s]	[-ou-so]	[-ou-i]	[-eu-m]	[-eu]	[-eu]	[-eu-es]	[-õm]	[-eu-mos/-mis]	[eu-ns]
Uger.	sunuz	sunauz	sunau	sunu(m)	sun(e)u	sun(a)u	sunius	sunom?	sunum	sununs
Go.	sunus	sunaus	sunau	sunu			sunu, sunaus unjus	suniwê	sunum	sununs
Un.	haukopuR	[sunaR]	magiu	sunu			[suniR <-iw(i)R] [-iwe]	[sunum]	[sununR]
On.	sunr	sonar	syni	sun			synir	sona	sunum	sunu
Ísl.	sonur	sonar	syni	son			synir	sona	sonum	sonu
Nn.	synn		synn	synn			synar		synar	synar
Bm.	sønn	sønns o	sønn	sønn			sønner	sønners o	sønner	sønner
De.	søn	søns o	søn	søn			søner	søners o	søner	søner
Zw.	son	sons o	son	son			söner	söners o	söner	söner
Oe.	sunu	suna	suna	sunu			suna,-u	suna	sunum	suna,-u

Me. en Ne: als regelmatige zelfstandige naamwoorden (o-verbuiging)
Fr. als regelmatige zelfstandige naamwoorden (o-verbuiging)
Os. sunu suno suno,-i sunu   sunun suni
Mnl, Nnl en Afr: als regelmatige zelfstandige naamwoorden (o-verbuiging). In het
    Mnl werden woorden op -e verbogen als de n-verbuiging.
Ohd. fridu (fridos - frides) fridu fridu³)   frid(e)o fridim fridi
Mhd. als jo-stammen   in Nhd. alle mann. woorden (muv. käse) naar n-verbuiging

¹) noot: ook *frides* o
²) noot: ook *fride* o
³) noot: ook *fridu*

onzijdig

Go.	faihu	[faihaus]	faihau	faihu
An.	[fehu]	[fe(h)aʀ]	–	–
On.	fê*)	fjár	fêwo	fêwo, fê
Ísl.	fjewo	fjár	fjewo	fjewo
Oe.	feolu	feolu	feolu	feolu
Os.	widu-	widu-	widu-	widu-
Ohd.	fihu	fehes o	fehe o	fihu

*) noot: de vorm fêwo komt meer voor, dit geldt ook voor de accusatief.

vrouwelijk

IE	[-eu-s]	[-ou-so[ou-i]	[-eu-m]		[-eu]	[-eu-es]	[-ŏm]	[-eu-mos/-mis]	[-eu-ns]
Uger.	[handuz]	[handauz]	[handau]	[handu(m)]		[hand(a)u]	handius	[handom?]	[handum]	[handuns]
Go.	handus	handaus	handau	handu		[handu]	handjus	handiwê	handum	handuns

Noordgermaanse talen: vormen overgegaan naar de â-verbuiging

| Oe. | hand | handa | handa | hand | | handa | handa â | handum | handa |

Me, Ne: als i-stammen
Fr: regelmatig (als â-stammen)

| Os: | hand | [hando] | hendi i | hand | | hendi i | hando | handum | hendi i |

Mnl, Nnl en Afr: als â-stammen.

| Ohd. | hant | henti i | henti i | hant | | henti i | hent(e)o | hantum | henti i |

Mhd. alleen nog dat mv. handen (rest als i-verbuiging)
Nhd. in "vorhanden" is de oude dat. mv. nog te herkennen.

*) noot: zou ook [hendi i] kunnen zijn. (vormen niet overgeleverd)

De klasse met u-stammen heeft nooit veel leden gehad. De vormen hebben veelal de neiging over te gaan in de andere vocalische verbuigingen (o-, â- en i-verbuigingen). In het Oudnoords, en dus ook in de moderne Noordgermaanse talen zijn alle vrouwelijke u-stammen naar de â-klasse overgegaan. Alleen in het On. bestaat er van het woord hond nog een zeldzame dat. ev. hendi. (dit zou echter net zo goed een vorm die naar de i-klasse is overgegaan kunnen zijn.)

Er zijn maar zeer weinige onzijdige u-stammen. Eigenlijk alleen maar Gotisch faihu (vee) en filu (veel, oorspr. bijv. nw.), en hun analoge vormen in de andere talen. Het On, Ísl. fê, fje behoort tot de wo-verbuiging met uitzondering van de genitief. De nom en acc. zijn zeer zelden fê wat is af te leiden van Un [fehu] dat analoog aan Gotisch faihu is. Het Os widu- bestaat alleen als het eerste deel van samengestelde woorden. Het is niet zeker of het onzijdig is. In het On. viðr en Oe. wudu is het mannelijk en in het Ohd. is het slechts eenmaal onzijdig en in alle andere gevallen is het mannelijk (witu). Volgens F. Holzhausen in zijn "Altsächsisches Elementarbuch" is het echter onzijdig. Van daar dat ik het hier heb gezet. Bij de moderne talen zijn de onzijdige vormen geheel samengevallen met de gewone, regelmatige (o) verbuiging (met uitzondering van het Ijslands.

In de nom. en acc. ev. wordt de -u niet gezegd of geschreven na lang stammige woorden (Oe. sunu: feld, hand: duru Ohd hant: fridu) Ohd. heeft geen langstammige mannelijke woorden, Os geen kortstammige vrouwelijke. Ohd sunu heeft de -u alleen in de oudste Frankische teksten. In de andere dialekten en tijden in het sun, dat volgens de i-verbuiging word verbogen. Ohd hant, het enige Ohd. vrouwelijke woord in deze klasse is naar de i-verbuiging overgegaan (m.u.v. de dat. mv.)

De gen. ev. die niet op -s (dus volgens de o-verbuiging) zijn regelmatig. Dit is niet het geval bij Ohd henti (en misschien Os [hendi], er is geen Os gen. ev. vrouwelijk overgeleverd). Dit is oorspronkelijk een datiefvorm.

6. De n-stammen.

A on-stammen.

Dit zijn enkel mannelijke en onzijdige woorden.

MANNELIJK

	Enkelvoud				Meervoud			
	nom.	gen.	dat.	acc.	nom.	gen.	dat.	acc.
IE	[-ōn]	[-ōn-es]	[-ōn-i]	[-ōn-m]	[-ōn-es]	[-ōn-om]	[-ōn-mos/-mis]	[-ōn-ns]
Uger.	[guma(n)]	[guminz]	[gumini]	[guman(m)]	[gumans]	[gumano(m)]	[gumanm]	[gumans]
Go.	guma	gumins	gumin	guman	gumans	gumanē	gumam	gumans
Un.	wiwila	kepan(?)	witadahalaiban	[guman]	[guman(n)]	arbijanō	[gumnum]	[guman(n)]
On.	gumi	guma	guma	guma	gumar o	gum(n)a	gumum o	guma o
IJsl.	tími	tíma	tíma	tíma	tímar o	tíma o	tímum o	tíma o
Nn, Bm, De, Zw: als o-stammen.								
Oe.	guma	guman	guman	guman	guman	gumena	gumum o	guman
Me.	ox	oxen, oxes oo	ox(en)	ox(en)	oxen	oxene	oxen o	oxen
Ne.	ox	ox's o	ox	ox	oxen	oxen's o	oxen o	oxen
Fr.	okse		okse	okse	oksen		oksen	oksen
Os.	gumo	gumen	gumen	gumon	gumon	gumono	gumun,-on	gumon
Mnl.	grave	graven	grave	grave	graven	graven	graven	graven
Nnl.	graaf	graven¹	graaf	graaf	graven	graven	graven	graven
Afr.	graaf		graaf	graaf	grawe		grawe	grawe
Ohd.	gomo	gomen,-in	gomen,-in	gomon,-un	gomon,-un	gomōno	gomōm	gomon,-un
Mhd.	bote	boten	boten	boten	boten	boten	boten	boten
Nhd.	Löwe	Löwen	Löwen	Löwen	Löwen	Löwen	Löwen	Löwen
	Held	Helden	Helden	Helden	Helden	Helden	Helden	Helden

¹) noot: de -en genitief wordt in het Nederlands nog slechts zeer weinig gebruikt.

ONZIJDIG

	nom.	gen.	dat.	acc.	nom.	gen.	dat.	acc.
IE	[-ōn]	[-ōn-es]	[-ōn-i]	[-ōn]		[-ōn-om]	[-ōn-mos/-mis]	[-ōn-a]
Uger.	[augō(n)]	[auginz]	[augini]	[augō(n)]	[augōna]	[auganō(m)]	[augam]	[augōna]
Go.	augō	augins	augin	augō	augōna	auganē	augam	augōna

Un.	[hertō]	[hertan]	[hertan]	[hertō]	[hertōna]	[hertanō]	[hertum]	[hertōnu]
On.	hjarta	hjarta	hjarta	hjarta	hjǫrtu	hjartna	hjǫrtum o	hjǫrtu
Ȳsl.	auga	auga	auga	auga	augu	augna	augum o	augu
Nn.	øye		øye	øye	øyna		øyna	øyna
Bm.	øye	øyes o	øye	øye	øyne	øynes o	øyne	øyne
Da.	øje	øjes o	øje	øje	øjne	øjnes o	øjne	øjne
Zw.	öga	ögas o	öga	öga	ögon	ögons o	ögon	ögon
Oe.	ēage	ēagan	ēagan	ēage(n)	ēagan	ēagena	ēagum o	ēagan
Me.	eye	eyen, eyes o	eye(n)	eye(n)	eyen	eyene	eyen o	eyen
Ne.	geen onz. n-stammen meer.							
Fr.	each		each	each	eagen		eagen	eagen
Os.	ôga	ôgan	ôgan	ôgan	ôgun	ôgono	ôgun,-on	ôgun
Mnl.	oge	ogen	oge	oge	ogen	ogen	ogen	ogen
Nnl.	hart	harten¹⁾	hart	hart	harten	harten	harten	harten
Afr.	hart		hart	hart	harte		harte	harte
Ohd.	ouga	ougen,-ên	ougen,-in	ouga	ougūn,-on	ougōno	ougôm	ougun,-on
Mhd.	ouge	ougen	ougen	ouge	ougen	ougen	ougen	ougen
Nhd.	Herz	Herzens²⁾	Herzen	Herz	Herzen	Herzen	Herzen	Herzen

¹⁾ noot: Nederlandse genitieven op -en zijn zeer zeldzaam.
²⁾ noot: Dubbele genitief, zie tekst.

De verbuiging van de n-stammen wordt over het algemeen de zwakke verbuiging genoemd. Dat is zo omdat deze verbuiging minder verschillende vormen heeft voor de verschillende naamvallen. Deze naam (zwakke verbuiging) is gegeven door Grimm. De zwakke verbuiging werd tegenover de sterke verbuiging gezet. Deze bevatte alle overige verbuigingen, maar in het bijzonder de vocalische (o-, â-, i-, u-) stammen. De oorzaak van deze vereenvoudiging is het feit dat de uitgangen samenvielen met de stam suffix en door afzwakking van de vocalen (klinkers) in de laatste lettergre(e)p(en).

De Nominatief enkelvoud: Deze eindigt bij alle talen op een klinker (-ō in plaats van -ôn/-ên). Reeds in de Indoeuropese tijden wisselden de vormen zonder -n met de vormen die wel -n bezaten. Dit zou kunnen op dezelfde wijze als het verlies van de -n in de uitgang van de accusatief meervoud (-ns > -s). Maar dit verlies trad eigenlijk alleen op voor -s en enkele andere medeklinkers (waarschijnlijk bh, dh, gh als deze stemloze aspiranten waren). Het On (mann) moet afgeleid zijn van -ên: IE -ē > Noord-westgermaans ê > â in lettergrepen met klemtoon, e in lettergrepen zonder klemtoon. De Gotische mannelijke vormen kunnen zowel teruggaan op -ên als op -ôn. De -ên vorm is echter waarschijnlijker. De Westgermaanse talen zijn waarschijnlijk afgeleid van -ō

De overige naamvallen: Gotisch heeft waarschijnlijk de meest oorspronkelijke vormen. De acc. ev en de hele meervoud hebben als stam suffix -an-, wat ontstaan is uit -on-. De gen. en dat ev. hebben -in-, wat ontstaan is uit -en-. In het On is de -n van de gen, dat, acc afgevallen. De echte naamvalsuitgangen zijn al vroeger afgevallen.

De ontwikkeling van deze vormen was: Genitief: -naR > -nR > -nn >

-n. Datief (= Locatief) -ni > -n. Accusatief: -num > -nu > -n. Deze -n die overbleef is later afgevallen. In de andere talen is er net zo iets gebeurt, alleen behielden deze talen de -n in de gen., dat., en acc. enkelvoud. Bij de Westgermaanse talen is later ook de klinker in de stamsuffix verzwakt. In het Middelhoogduits is dat wat oorspronkelijk stamsuffix was alleen nog maar uitgang. In het Middelnederlands is de uitgang -en bij de dat. en acc. enkelvoud nog slechts zeer weinig in gebruik. Alleen bij Here werd de uitgang nog veel gebruikt. Het Nieuwhoogduitse woord "das Herz" is het enige Duitse woord dat nog -en in de gen. en dat. ev. heeft, met andere woorden, het is het enige onzijdige woord dat nog een zwak enkelvoud bezit. In Nieuwhoogduitse tijden is er achter de Middelhoogduitse gen. ev. "herzen" een -s geplakt omdat deze nl. bij alle mannelijke en onzijdige woorden hoorde. Ook een zevental mannelijke woorden hebben een -s in de gen. ev. aangenomen. (vb. der Name, des Namens overige naamvallen ev. en mv. "Namen")

B. jon-stammen.

Deze woorden worden geheel hetzelfde verbogen als de on-stammen. vb. Go: gudja

C. won-stammen

Hiervoor geldt hetzelfde als voor de jon-stammen vb. Go. sparwa.

D. ân-stammen.

Dit zijn slechts vrouwelijke woorden.

	Enkelvoud				Meervoud			
	nom.	gen.	dat.	acc.	nom.	gen.	dat.	acc.
IE.	[-ân]	[-ân-es]	[-ân-i]	[-ân-m]	[-ân-es]	[-ân-om]	[-ân-mos/mis]	[-ân-ns]
Uger.	tuŋgô(n)	tuŋgôns	tuŋgôni	tuŋgônm	tuŋgôns	tuŋgônô(m)	tuŋgônm	tuŋgônns
Go.	tuggô	tuggôns	tuggôn	tuggôn	tuggôns	tuggônô	tuggôm	tuggôns
Un.	hariso	igiŋon	igiŋon	igiŋon				
On.	tunga	tungu	tungu	tungu	tungur	tungna	tungum	tungur
Ísl.	tunga	tungu	tungu	tungu	tungur	tungna	tungum	tungur
Nn.	tunga		tunga	tunga	tungar		tungar	tungar
Bm.	tunge	tunges o tunge	tunge	tunge	tunger	tungers o tunger	tunger	tunger
De.	tunge	tunges o tunge	tunge	tunge	tunger	tungers o tunger	tunger	tunger
Zw.	tunga	tungas o tunga	tunga	tunga	tungor	tungors o tungor	tungor	tungor
Oe.	tunge	tungan	tungan	tungan	tungan	tung(e)na	tungum	tungan
Me.	tô	tôn, tôs o tô(n)	tô(n)	tôn	tôn	tôn	tôn	tôn
Ne.	geen ân-stammen meer.							
Fr.	tonge		tonge	tonge	tongen	tongen	tongen	tongen

Os.	tunga	tungun	tungun	tungun	tungun	tungono	tungun	tungun
Mnl.	tonge	tonge(n)	tonge(n)	tonge	tongen	tongen	tongen	tongen.
Nnl.	als regelmatige (â-) stammen.						
Afr.	als regelmatige (â-) stammen.						
Ohd.	zunga	zungûn	zungûn	zungûn	zungûn	zungôno	zungôm	zungûn
Mhd.	zunge	zungen	zungen	zungen	zungen	zungen	zungen	zungen
Nhd.	Zunge	Zunge â	Zunge â	Zunge â	Zungen	Zungen	Zungen	Zungen.

De uitgangen kunnen over het algemeen verklaard worden als bij de -on- stammen. Ik heb de -ân- stammen apart gezet omdat er in de stamsuffix een andere klinker is dan bij de on-stammen (oorspronkelijk -â- in plaats van -o-). In het On. en Ysl. treed er klinkerverandering op als de klinker in de stam een -a- is. Dit geldt voor alle geslachten (dus zowel -on- als -ân- stammen). Een tabel van in welke naamvallen dit in het Yslands gebeurt is:

	Enkelvoud			Meervoud		
	Mannelijk	Onzijdig	Vrouwelijk	Mannelijk	Onzijdig	Vrouwelijk
Nom.	hani	hjarta	tala	hanar	tölur	hjörtu
Gen.	hana	hjarta	tölu	hana	talna	hjartna
Dat.	hana	hjarta	tölu	hönum	tölum	hjörtum
Acc.	hana	hjarta	tölu	hana	tölur	hjörtu

In het Nieuwengels is ox (mannelijk) het enige woord dat nog een meervoud op -en heeft. Bij alle andere (dus ook de onzijdige en de vrouwelijke) is de -en meervoud in de loop der tijden vervangen door de regelmatige -s meervoud.

Bij het Hoogduits zijn de â- en de ân- stammen met elkaar vermengd en wel zodanig dat het enkelvoud verbogen wordt als een â-stam (sterk; zonder -en uitgang in gen, dat en acc.) en het meervoud wordt verbogen als een ân-stam (zwak; met -en uitgang in nom, gen en acc.)

E. jân-stammen.

Deze worden over het algemeen excact zo verbogen als ân-stammen. vb. go. rapjô

F. wân-stammen

Hiervoor geld het zelfde als voor de jân-stammen. vb Go: gatwô.

G. în-stammen

Deze stammen zijn gevormd met het suffix în- in plaats van ân-. Het zijn alle vrouwelijke woorden. In alle oude Germaanse talen en in het Yslands zijn deze woorden nog herkenbaar. In het Gotisch verschillen deze woorden in het geheel niet van de regelmatige -ân- stammen. Alleen is de klinker in de stamsuffix niet ô maar ei. In het Oudnoords en Yslands hebben de woorden van deze verbuiging geen verschillen in het enkelvoud (alle naamvallen î, wat ontstaan is uit (nom)-î, (gen) -îns, (dat, acc) -în) De meeste van deze woorden hebben geen meervoud. In het Oudnoords had geen enkele van de woorden een meervoud. In het IJslands zijn er vele woorden die ook geen meervoud hebben, maar die die wel een meervoud hebben, hebben een meervoud dat wordt verbogen als â-, of als i-stam. (vb. lygi, mv. lygar ; æfi, mv. æfir). In het Oudengels werden deze woorden verbogen als â-stammen, in het Oudsaksisch als i-stammen. In het Oudhoogduits bestond deze verbuiging nog wel. Hij was oorspronkelijk gelijk aan die van de ân-stammen, maar in de resten die er van bewaard zijn is er een vereenvoudiging opgetreden (meestal verlies van -n in alle naamvallen enkelvoud en nom, acc. meervoud) en soms is juist deze -n ingevoerd in de nom. enkelvoud. Meervoudvormen zijn erg zeldzaam.

	Enkelvoud				Meervoud			
	nom.	gen.	dat.	acc.	nom.	gen.	dat.	acc.
Go.	managei	manageins	managein	managein	manageins	manageinô	manageim	manageins
On.	elli	elli	elli	elli				
Ijsl.	elli	elli	elli	elli				
Ohd.	menigî(n)	menigî(n)	menigî(n)	menigî(n)	menigî(n)	menigînô	menigîm	menigî(n)

H. înâ-, îni-stammen

Deze klasse van vrouwelijke zelfstandige naamwoorden komt alleen bij het Gotisch voor. Het is eigenlijk een subtype van de în-stammen. Het zijn abstracte zelfstandige naamwoorden die afgeleid zijn van zwakke werkwoorden uit de eerste klasse (meest causatieven). Zij hebben allen een suffix în, zoals bij de în-stammen. Hun uitgangen zijn echter die van de i-stammen, met als uitzondering de nominatief en genitief meervoud die als â-stammen gaan.
vb. laiseins: mv: nom: laiseinôs, gen: -ô, dat: -im, acc: -ins.

7. De r-stammen.

Alle Germaanse r-stammen geven een familierelatie aan. Het is een kleine klasse die de woorden: vader, moeder, broeder, zuster en dochter (in alle talen) bevat. Oorspronkelijk werden alle r-stammen gelijk verbogen. In later tijd kunnen er verschillen zijn opgetreden, zoals bij de Hoogduitse gen. ev. bij de mannelijke vormen is er door analogie een -s bijgekomen, bij de vrouwelijke niet. In de tabel hier onder staan de mannelijke vormen, eventuele afwijkende vrouwelijke vormen worden na de tabel vermeld.

	Enkelvoud				Meervoud			
	nom.	gen.	dat.	acc.	nom.	gen.	dat.	acc.
IE	[-ĕr]	[-ĕr-es]	[-ĕr-i]	[-ĕr-m]	[-ĕr-en]	[-ĕr-om]	[-ĕr-mis/-mos]	[-ĕr-ns]
Uger.	[brôþar]	[brôþarz]	[brôþar(i)]	[brôþar(m)]	[brôþarz]	[brôþarô(m)]	[brôþarm]	[brôþarns]
Go.	brôþar	brôþrs	brôþr	brôþar	brôþrjus u brôþrê		brôþrum u brôþrunsu	
On.	swestar	-	-	-	dohtrir	-	-	dohtrir

On.	brôðir	brôður ¹⁾	brôður ²⁾	brôður ³⁾	brøðr	brøðra	brøðrum	brøðr
Ysl.	bróðir	bróður	bróður	bróður	bræður	bræðra	bræðrum	bræður
Nn.	bruder		bruder	brudur	brydra		brydra	brydra
Bm.	broder	broders o	broder	broder	brødre	brødres o	brødre	brødre
De.	broder	boders o	broder	broder	brødre	brødres o	brødre	brødre
Zw.	broder	broders o	bror	broder	bröder	bröders o	bröder	bröder
Oe.	brôþor	brôþor	brêþer	brôþor	brôþor	brôþra	brôþrum	brôþor
Me.	brother	brother(s o	brother	brother	bretheren	bretheren(s	bretherenn	bretherenn
Ne.	brother	brother's o	brother	brother	brothers o	brothers' o	brothers o	brothers o
Fr.	broer		broer	broer	bruorren n		bruorren n	bruorren n
Os.	brôðer	brôðer	brôðer	brôðer	brôðer	[brôð(e)ro]	brôðun	brôðer
Mnl.	broeder	broeder(s o	broeder	broeder	broeder(en)	broeder(en)	broeder(en)	broeder(en)
Nnl.	broeder	broeders o	broeder	broeder	broederen n	broederen n	broederen n	broederen n
Afr.	broeder		broeder	broeder	broeders ⁷⁾		broeders ⁷⁾	broeders ⁷⁾
Ohd.	bruoder	bruoder	bruoder	bruoder	bruoder	bruodero	bruoderum	bruoder
Mhd.	bruoder	bruoder(s o	bruoder	bruoder	brüeder	brüeder	brüedern	brüeder
Nhd.	Bruder	Bruders o	Bruder	Bruder	Brüder	Brüder	Brüdern	Brüder

¹⁾ noot: ook vorm brœðr voor
²⁾ noot: ook vorm brœðr komt voor.
³⁾ noot: vorm die uit de genitief komt.
⁴⁾ noot: in oude documenten komt ook een vorm brotheren voor.
⁵⁾ noot: in plechtige taal komt ook de vorm bretheren voor.
⁶⁾ noot: meest voorkomende vorm is broeders (zie tekst)
⁷⁾ noot: zie tekst
⁸⁾ noot: Umlaut door analogie.

Afwijkende vrouwelijke vormen: De gen. ev. in de talen Mnl, Nnl, Mhd en Nhd konden geen -s krijgen, de -s is nl. typisch mannelijk en onzijdig. De uitgangen van het meervoud die niet aanwezig zijn worden in veel gevallen toch gevormd door analogie. Enkele voorbeelden zijn: Oe. fæderas (nom mv). Ohd. fateres, fatere (gen., dat. ev.). In het Ohd is de nom. mv. vorm zelfs altijd faterâ. Ook andere woorden van deze klasse kunnen deze meervouds -a krijgen. In het Oe zijn meervoudsvormen als brôþru enz. bekend. Uit deze vormen zijn de latere meervoudsvormen als bretheren ontstaan. De -u uit het meervoud hadden deze worden van de onzijdige woorden overgenomen.

De klinker in de stamsuffix was oorspronkelijk (IE) â of ô. De On., Os., en Ohd. vormen met -er gaan terug op ê. De Gotische vormen op -ar kan zowel van de vorm met ê als van de vorm met ô komen. In Oe was de klinker van de suffix afhankelijk van de stamklinker: fæder, maar brôþor, môdor, dohtor. De datief enkelvoud had in het Oe. een umlaut, deze umlaut is in het Middelengels verdwenen bij de datief, maar is overgenomen door de meervoudsvormen. Os en Ohd hadden oorspronkelijk geen umlaut in het meervoud. De Mhd, Nhd vormen met Umlaut zijn onder invloed van analogie ontstaan om verschil tussen enkelvoud en meervoud aan te duiden. De meest gebruikte Nederlandse en Afrikaanse vorm (broeders) heeft een meervoud dat uitgaat op een -s. Deze -s is in beide talen een veel voorkomende meervoudsvorm die vooral bij langere woorden voorkomt. De -s was oorspronkelijk de meervoudsvorm van de mannelijke o-stammen. Bij het engels is deze -s al in het Middelengels belangrijkste meervoudsvorm geworden. Bij het Nederlands daarentegen was de -s in de middelnederlandse periode slechts zeer weinig in gebruik als meervoudsvorm. Eigenlijk alleen bij woorden die eindigden op -ere. (mv. -ers). In latere tijden is de meervouds -s zich weer gaan uitbreiden. Waarschijnlijk omdat de meervoudsvorm met -s in die woorden makkelijker uit te spreken was.

8. Woorden waarbij n-suffix en r-suffix zich oorspronkelijk afwisselden. (r-/n- stammen)

De Gotische woorden watō en namō hadden meen van de overige n-stammen afwijkend meervoud. Dit was: nom: namna, gen: namnē, dat: namnam, acc: namna. Van watō is alleen de datief mv. overgeleverd, nl. watnam. Deze vormen zijn een interessante rest van zeer oude vormen. Oorspronkelijk behoorden deze vormen bij een bepaald type zelfstandige naamwoorden waarin een n-suffix zich met een r-suffix afwisselde. Enkele voorbeelden hiervan zijn Latijn: femur - feminis, Grieks: ὕδωρ - ὕδατος (udoor - udatos), ὕδατος is ontstaan uit -ntos. Sanskriet: ûdhar - ûdhnas. In het Hittitisch wisselen vormen met -r en -n elkaar af in de verbuiging. Nom. ev. watar, gen. ev. wetenas. In het Gotisch is het een pure -n stam. In de Westgermaanse talen is het woord een pure r-stam (verbogen als o-stam): Oe: wæter Ofr: weter Os: water Ohd: wasser. Oudnoords had regelmatig de vorm met -n: vatn. Alleen in zeer oude documenten komt, zeldzaam, nog een vorm vatr voor. Ook vatn wordt verbogen volgens de o-klasse.
Ook het woord voor vuur heeft verwisseling van -n en -r. Gotisch: fōn gen. funins (zie hst 12) On funi of fūr Oe. fŷr Ohd. fiur fuir. De Dit woord is verwand aan Grieks πῦρ (pūr) Hittitisch pahur (ablatief ev Pahunaz; nom, acc mv pahwaz; gen. mv. pahwenas).

9 s-stammen.

Deze groep van woorden was in de Indoeuropese tijd een grote groep van onzijdige zelfstandige naamwoorden. Ook in de Oergermaanse tijd moet dit een tamelijk grote groep geweest zijn. Alle woorden van deze groep zijn echter overgegaan in de o-klasse. Voorbeelden hiervan zijn (Gotisch): agis, gadigis, hatis, rigis, sigis, skapis; ahs, peihs, weihs. In de Westgermaanse talen is de s-klasse nog te herkennen aan het meervoud. Een bepaald aantal woorden hebben in het meervoud een -r, die door rotacisme via -z uit de -s is ontstaan. Deze -r dient voornamelijk om het verschil tussen enkelvoud en meervoud aan te duiden, omdat dat bij de onzijdige o-stammen oorspronkelijk niet bestond. Meervouden op -ʀ komen voor bij alle Westeuropese talen. De vele -r meervouden in de
bijna

Noordgermaanse talen hebben niets te maken met de -s stammen maar zijn de regelmatige uitgangen van de vocalische stammen (o, â, i en u). In het Nieuwhoogduits heeft ook een aantal mannelijke woorden de uitgang -er aangenomen.
De verbuigingen zijn (nom. ev. en hele meervoud., ev. als onz. o-stammen verbogen):

1. Enkelvoud. Meervoud.

	nom.	nom.	gen.	dat.	acc.
Oe.	lamb	lambru	lambra	lambrum	lambru
Me.	lamb	lambre(n)	lambre(n)	lambren	lambre(n)
Ne	child	children	children	children	children
Os.	lamb	lambir	lambiro	lambirum	lambir
Mnl.	lam(b)	lammere	lammere	lammeren	lammere
Nnl.	lam	lammeren	lammeren	lammeren	lammeren
Ohd.	lamb	lembir	lembiro	lembirum	lembir
Mhd.	lamp	lember	lember(e)	lember(e)n	lember
Nhd.	lamm	lämmer	lämmer	lämmern	lämmer

10. nt-stammen.

Deze woorden zijn oude onvoltooide deelwoorden die als zelfstandig naamwoord worden gebruikt. Het zijn alle mannelijke woorden.

	Enkelvoud					Meervoud			
	nom.	gen.	dat.	acc.	voc.	nom.	gen.	dat.	acc.
IE	[-nt-s]	-¹⁾	[-nt-i]	[-nt-m]	[-nt]	[-nt-es]	[-nt-om]		[-nt-ns]
Uger.	-ndz		-nd	-nd(m̥)	[-nd]	-nd(e)z	-ndô(m)		-ndz
Go.	frijônds	frijôndis	frijônd	frijônd	frijônd	frijôndz	frijôndê	frijôndam	frijôndz
An.						[friandiz]			[friandiz]
On.	frǣndi⁹⁾	frǣnda	frǣndan	frǣnda n		frǣndr	frǣnda	frǣndum	frǣndr
IJsl.	frǣndi	frǣnda	frǣnda n	frǣnda n		frændur	frænda	frændum	frændur
Nn.	fiend			fiende n		fiandar		fiandar	fiandar
Bm.	fiende n	fiendes	fiende n	fiende n		fiender	fienders	fiender	fiender
De.	fjende n	fjendes	fjende n	fjende n		fjender	fjenders	fjender	fjender
Zw.	fiende n	fiendes	fiende n	fiende n		fjender	fjenders	fjender	fjender
Oe.	frêond	frêondes	friend⁷⁾	frêond		friend⁸⁾	frêonda	frêondum	friend⁸⁾
Me.	frêond⁹⁾	frêond(e)s	friend	frêond		fryndes	fryndes	fryndes	fryndes
Ne.	friend	friend's	friend	friend		friends	friends'	frynds	frynds
Fr.	freon		freon	freon		freonnen		freonnen	freonnen
Os.	friund	friundes	friunde	friund		friund	friundo	friundun	friund
Mnl.	vrient	vrients	vriende	vrient		vriende	vriende	vrienden	vriende
Nnl.	vriend	vriends	vriend	vriend		vrienden	vrienden	vrienden	vrienden
Afr.	vri(e)nd		vri(e)nd	vri(e)nd		vriende	vriende	vriende	vriende
Ohd.	friunt	friuntes	friunt(e)	friunt		friunt(a)	friunto	friuntum	friunt(a)
Mhd.	vriunt	vriuntes	vriunte	vriunt		vriunt(e)	vriunte	vriunten	vriunt(e)
Nhd.	freund	freundes	freund(e)	freund		freunde	freunde	freunden	freunde

47

1) noot: Het geven van vormen hier is niet nuttig omdat alle germaanse genitieven vormen zijn van andere verbuigingsklassen.
2) noot: Hiervoor geldt hetzelfde als voor de gen. ev. Ik heb de dat. mv. vormen gelijk gesteld aan de o-stammen omdat dit bij het gotisch het geval is. Bij de gen. mv. heb ik dit niet gedaan omdat de uitgang daar altijd (gotisch) -ê is.
3) noot: Ik heb hier geen vormen gegeven omdat de van het Un. afgeleide On. vormen de vormen van de n-klasse zijn.
4) noot: geen vormen om dezelfde reden als hierboven.
5) noot: Het enkelvoud word verbogen als een n-stam, maar de Umlaut, die eigenlijk alleen bij de nom. en acc. meervoud behoort is door alle vormen van "frænd" overgenomen.
6) noot: Ik heb geschreven o of n omdat deze vormen bij de o- en de n-stammen gelijk zijn.
7) noot: ook wel (analogisch) frēande, frēond
8) noot: ook wel frêond, frêondas
9) noot: oude vormen, later friend.
10) noot: Ook wel friundas, friunda
11) noot: Vorm vrient komt nog voor
12) noot: Vorm vrient komt nog voor
13) noot: Vorm vrient komt nog voor
14) noot: De vorm vriende is oorspronkelijk omdat de oude (Os.) genitief friundo was. De slot -o is verzwakt tot -e.
15) noot: De vorm zonder -e was oorspronkelijk. In Middelnederlandse tijden is er door analogie weer een -e bijgekomen. Deze zwartgeschreven vorm is dus afgeleid van een niet oorspronkelijke vorm op -e.

11. t-stammen.

Dit is een zeer kleine klasse van zelfstandige naamwoorden waarvan alleen in de (oude) Westgermaanse talen enkele fragmenten bewaard zijn gebleven. De nom ev. heeft z'n oorspronkelijke uitgang verloren, en een laatste -t (in Westgermaanse talen -þ) was ook verdwenen, maar bij mannelijke en vrouwelijke woorden weer ingevoerd door analogie. In het Oe. waren er vier van deze woorden, zie boven. Os en Ohd hadden ook nog leden van deze familie, maar die waren geheel in de o-klasse overgegaan: Os heliδ, -es; dat ev. mânutha; Ohd helid, -es; mânod, -es.

		mannelijk	onzijdig	vrouwelijk
ev.	nom.	hæle(þ) o monaþ o	ealu	mæg(e)þ
	gen.	hæleþes o monaþes o	ealoþ	mæg(e)þ
	dat.	hæleþe o monaþe o	ealoþ	mæg(e)þ
	acc.	hæle(þ) o monaþ o	—	mæg(e)þ
mv.	nom.	hæleþ monaþ	—	mæg(e)þ
	gen.	hæleþa o monaþa o	ealeþa	mæg(e)þá
	dat.	hæleþum o monaþum o	—	mæg(e)þumá
	acc.	hæleþ monaþ	—	mæg(e)þ

12. Stammen zonder stamsuffix.

De meeste woorden van deze klasse, die in Indoeuropese tijden tamelijk uitgebreid was, zijn overgegaan naar andere klassen, in het bijzonder de o-, i- en u-stammen. De verschillende woorden van deze klasse worden niet hetzelfde verbogen, omdat niet alle verbogen vormen naar dezelfde andere klasse zijn overgelopen. Hieronder volgen in de verschillende talen enkele woorden uit deze klasse met hun verbuiging:

	nom.	gen.	dat.	acc.	nom.	gen.	dat.	acc.
Go: mannelijk:	reiks	reikis o	reik	—	reiks	reikê	reikam	o reiks (nom. vorm)
	mênôps	—	mênôp	—	mênôps	—	mênopum	u mênôps (")
	weitwôds	—	—	weitwôd	weitwôds	weitwôdê	—	—

verder fotus dat geheel in de u-klasse is overgegaan.

vrouwelijk: baúrgs baúrgs baúrg baúrg baúrgs baúrgê baúrgim i baúrgs

hetzelfde gaan: alhs, spaúrds, brusts (mv), miluks, mitaþs.
nahts heeft in de dat. mv. nahtam. Dit alleen in bijwoordelijke verbinding met dagam. Voor de rest geen meervoud bekend.

onzijdig: fôn funins n funin n fôn — — — —
gup gups gupa o gup gupa o — — gupa o

Het woord voor God werd steeds afgekort als gþ, gþs, gþa.
Als deze vormen de bovenstaande zijn is het een woord zonder stamsuffix. Als de vormen echter gup, gudis, guda zijn is het een woord van de o-klasse.

On: mannelijk: fôtr fôtar u fôeti u fôt fœtr fôta fôtum fœtr (nom vorm)

De gen. en dat. mv. zijn ook gelijk aan de a- en u-stammen.

nagl nagls o nagli o nagl negl nagla nǫglum negl (")
monoþr monoþar u monoþi o monoþ monoþri monoþai monoþom i monoþi

vrouwelijk: mǫrk â merkr mǫrk mǫrk merkr marka mǫrkom merkr (nom vorm)

De ǫ van de dat. ev. komt uit de nom., acc. ev.
Als mǫrk gaat nog b.v. nôtt

gês â gâsar â gês â gês â gæss gâsa gôsum gæss
kŷr kŷr kû kû kŷr kûa kûm kŷr

IJsl: Over het algemeen dezelfde vormen als On.
Noors (Bm) resten: mann: fot – føtter (ev-mv)
De: mannelijk fod – fødder
vrouwelijk gås – gæs, so-søer (On sŷr, als kŷr), ko-køer
Zw: mannelijk fot – fötter
Oe: mannelijk fôt fôtes o fôte o fôt fêt fôta fôtum fêt
zo ook tôþ – têþ
vrouwelijk gôs gês gês gôs gês gôsa gôsum gês
zo ook bôc, mûs, lûs, câ (met umlaut cŷ)
andere neaht en burg
Me: vermindering van vormen, resten in Ne:
Ne: mannelijk foot – feet, tooth – teeth
vrouwelijk mouse – mice, louse – lice, goose – geese

Os: mannelijk: fôt — — — fôti fôto fôtun fôti
De gen. en dat. hebben de vormen die gelijk zijn aan de o-stammen.
tand tandes o tande o tand — — tandon —
vrouwelijk: naht nahtes o naht naht naht nahto nahtun naht
burg burges o burg burg burgi burgo burgun burgi
Andere zijn kô en bôk.

Mnl: resten met ongewijzigde meervouden: mannelijk: voet - voet
vrouwelijk: boec - boec (ik weet niet zeker of boec vr. is)

Nnl en Afr: geen herkenbare resten.

Ohd: mannelijk: fuoz fuozes o fuoze o fuoz fuozi fuozo fuozum fuozi
vrouwelijk: naht naht(es o) naht naht naht nahto nahtum naht
De gen. ev. met -es kwam slechts voor in bijwoordelijke verbinding met tages. Als naht ging ook buoh (niet met gev. ev. op -es)
burg burg burg burg burgi burg(e)o o burgum o burgi
fiur was oorspronkelijk een onzijdig woord van deze klasse, het werd echter als o-stam verbogen.

Mhd: vrouwelijk: de gen. ev. nahtes werd (verbonden met het mannelijk-onzijdige lidwoord des) gebruik zoals in de Ohd. tijd.

Nhd: vrouwelijk: Zelfde als Mhd.

13. Het woord "man".

Het woord "man" was oorspronkelijk een woord van de n-klasse. Het woord is in z'n vroege geschiedenis echter sterk beinvloed door vormen uit de o-klasse en de woorden zonder stamsuffix. Hieronder volgen de vormen. Ik schrijf alle vormen met zwart, en met rood schrijf ik bij iedere vorm van welke klasse deze is (zou kunnen zijn). Sommige talen hebben 2 vormen voor 1 naamval.

Enkelvoud

	nom.	gen.	dat.	acc.	nom.	gen.	dat.	acc.
Go.	manna n	mans -	mann -	mannan n	mans	mannē	mannam n	mans
					mannans n			mannans n
Un.	ma(þ)R	—	—	—	—	—	—	—
On.	maþr	man(n)z	manni o	mann	menn	manna	mǫnnom	menn
			meðr					meðr
Ysl.	maður	manns	manni o	mann	menn	manna	mönnum	menn
Nn.	mann		mann	mann	menn		menn	menn
Bm.	mann	manns o	mann	mann	menn	menns o	menn	menn
De.	mand	mands o	mand	mand	mænd	mænds o	mænd	mænd
Zw.	man	mans o	man	man	män	mäns o	män	män
Oe.	man(n)	mannes o	manne o	man	menn	manna	mannom	menn
Me.	man	mans o	man	man	men	men(s) o	men	men
Ne.	man	man's o	man	man	men	men's o	men	men
Fr.	man		man	man	manlju [1]		manlju	manlju
Os.	man	mannes o	man	man	man	manno	mannum	man
		manne o						
Mnl.	man	mans o	man	man	man	man	man	man
		manne o			manne o	manne o	mannen o	manne
					mans [2]	mans	mans	mans

Nnl. man	mans ○	man	man	mannen	mannen	mannen	mannen
Afr. man		man	man	mans [2]		mans	mans
Ohd. man	man mannes ○	man manne ○	man	man	manno	mannum	man
Mhd. man	man mannes ○	man manne ○	man	man (manne)	manne man	mannen man	man (manne)
Nhd. man	mannes ○	manne ○	man	männer [3]	männer	männern	männer

[1] noot: -lju betekent -lei (in Nnl b.v. timmerlei)
[2] noot: meervouden op -s: zie hst 7. (noot 7))
[3] noot: meervoud op -er: overgenomen van de onzijdige woorden die tot de s-klasse behoorden.

De -nn- die oorspronkelijk alleen bij de gen. en dat. ev., en bij de gen, dat. en acc. mv. behoorde is overgegaan naar de nom. ev. in Go., On. en Oe., en naar de nom. mv. in alle talen. (-n in Os. en Ohd. moet een vereenvoudiging van -nn zijn)

14. Vertalingen van de in de paradigma gebruikte woorden.

In de hieronderstaande lijst zijn de vertalingen opgenomen van de in de paradigma gebruikte voorbeelden, muv. de Un. vormen. Als één woord in meerdere talen als voorbeeld is gebruikt noem ik alleen de vorm zoals die is in de oudste taal en schrijf achter het woord, tussen haakjes, de afkortingen van de andere talen. Ik noem de woorden in de volgorde zoals ze beschreven zijn (beginnend bij de o-stammen)(nummers als bij de hoofdstukken, dus 2A = zuivere o-stammen).

2A, MANNELIJK.
wulfs (Go, On, Ijsl, Nn, Bm, De, Zw, Oe, Me, Ne, Fr, Os, Mnl, Nnl, Afr, Ohd): wolf
tac (Mhd, Nhd): dag
    ONZIJDIG
barn (Go, On, Ijsl, Nn, Bm, De, Zw, Oe, Fr, Os, Ohd): kind
horn (Me, Ne): hoorn
wort (Mnl, Nnl, Afr, Mhd): woord
Brot (Nhd): brood
2B, MANNELIJK
þius (Go, Oe, Ohd): dienaar
sǫngr (On, Ijsl):
schate (Mhd): schaduw
    ONZIJDIG
triu (Go, On, Ijsl, Oe, Os): boom
bǫl (On.):
2Ca, MANNELIJK
harjis (Go, Oe, Os): leger
niðr (On): neef, verwant.
    ONZIJDIG
kuni (Go, On, Oe, Os, Ohd, Mhd): geslacht
nes (Ijsl.): voorgebergte.

2Cb, MANNELIJK
hairdeis (Go, On, IJsl, Oe, Os, Ohd, Mhd): herder
Käse (Nhd): kaas
    ONZIJDIG
reiki (Go, On, IJsl, Oe, Os, Ohd, Mhd): regel
3A
giba (Go, On, Oe, Me, Ne, Fr, Os, Ohd, Mhd, Nhd): gave
nál (IJsl.): naald
heinding (Nn, Bm):
sol (De, Zw): zon
âr (Oe):
hwil (Os, Ohd): tijd(je), poosje
siele (Mnl, Nnl, Afr): ziel
3B
bandwa (Go): teken
degg (On, IJsl):
beadu (Oe): veldslag
brawon (Os, Ohd): wenkbrauw(en)
3Ca
sunja (Go): waarheid
ben (On, Oe): wond
skel (IJsl): schelp
hel (Os): hel
gutin (Ohd): goede
3Cb
bandi (Go, Oe): band
mawi (Go): meisje
heiðr (On):
reyður (IJsl):
sibbia (Os, Ohd): verwantschap
4, MANNELIJK
balgs (Go): slang, zak
gestr (On, IJsl, Zw, Oe, Me, Ne, Fr, Os, Mnl, Nnl, Afr, Ohd, Mhd, Nhd): gast
bekk (Nn, Bm): beek
ven (De): vriend
4, onzijdig
spere (Oe): speer
ur-lagi (Os, Mnl): oorlog
4, VROUWELIJK
ansts (Go): gunst
þokk (On): dank
tið (IJsl, Nn, Bm, De, Zw): tijd
dǣd (Oe, Me, Ne, Fr, Os, Mnl, Nnl, Afr, Ohd): daad
kraft (Mhd, Nhd): kracht
5, MANNELIJK
sunus (Go, On, IJsl, Nn, Bm, De, Zw, Oe, Os): zoon
frido (Ohd): vrede

5, onzijdig
faihu (Go, On, IJsl, Ohd): vee, geld
feolu (Oe): veel (substantivisch gebruikt)
widu- (Os): woud (?), hout (?)

5, vrouwelijk
handus (Go, Oe, Os, Ohd, Mhd, Nhd): hand

6A, mannelijk
guma (Go, On, Oe, Os, Ohd): mens
tími (IJsl): tijd
ox (Me, Ne, Fr): os
grave (Mnl, Nnl, Afr): graaf
bote (Mhd): boot
Löwe (Nhd): Leeuw
Held (Nhd): held

6A, onzijdig
augô (Go, IJsl, Nn, Bm, De, Zw, Oe, Me, Fr, Os, Mnl, Ohd, Mhd): oog
hjarta (On, Nnl, Afr, Nhd): hart

6B
gudja (Go): priester

6C
sparwa (Go): mus

6D
tuggô (Go, On, IJsl, Nn, Bm, De, Zw, Oe, Fr, Os, Mnl, Ohd, Mhd, Nhd): tong
tâ (Me): teen
    IJsl. hani = haan   tala = knoop   hjarta = hart

6E
raþjô (Go): rekening

6F
gatwô (Go): straat

6G
managei (Go, Ohd): menigte
elli (On, IJsl): ouderdom

6H
laiseins (Go): leer, onderwijs (als zelfst. nw)

7
broþer (Go, On, IJsl, Nn, Bm, De, Zw, Oe, Me, Ne, Fr, Os, Mnl, Nnl, Afr, Ohd, Mhd, Nhd): broeder

8
wato (Go, On, Oe, Os, Ohd): water
namo (Go): naam
fôn (Go, On, Oe, Ohd): vuur

9
lamb (Oe, Me, Os, Mnl, Nnl, Ohd, Mhd, Nhd): lam

10
frijônds (Go, On, IJsl, Oe, Me, Ne, Fr, Os, Mnl, Nnl, Afr, Ohd, Mhd, Nhd): vriend
fianda (Nn, Bm, De, Zw): vijand

11, mannelijk
hæle(þ) (Oe, Os, Ohd): held
monaþ (Oe): maand

11, onzijdig
ealu (Oe): bier (ale)
11, vrouwelijk
mæg(e)þ (Oe.): maagd
12
Gotisch: mannelijk: reiks = heerser; mênôþs = maand; weitwôds = getuige; fotus = voet.
    vrouwelijk: baúrgs = stad, burcht; alhs = tempel; spaúrds = renbaan; brusts = borst; miluks = melk; mitaþs = maat; nahts = nacht.
    onzijdig: fôn = vuur; guþ = God.
Oudnoors: mannelijk: fôtr = voet; nagl = nagel; monoþr = maand
    vrouwelijk: mǫrk = (een gewichts- en geldwaarde); gâs = gans; kŷr = koe
Noors: mannelijk: fot = voet.
Deens: mannelijk: fod = voet
    vrouwelijk: gås = gans; so = zeug; ko = koe.
Zweeds: mannelijk: fot = voet.
Oudengels: mannelijk: fôt = voet; tôþ = tand
    vrouwelijk: gôs = gans; bôc = boek; mûs = muis; lûs = luis; cû = koe; neaht = nacht; burg = burcht, stad.
Nieuwengels: mannelijk: foot = voet; tooth = tand.
    vrouwelijk: mouse = muis; louse = luis; goose = gans.
Oudsaksisch: mannelijk: fôt = voet; tand = tand.
    vrouwelijk: naht = nacht; burg = burcht, stad; kô = koe; bôk = boek.
Middelnederlands: mannelijk: voet = voet.
    vrouwelijk: boec = boek.
Oudhoogduits: mannelijk: fuoz = voet.
    vrouwelijk: naht = nacht; burg = burcht, stad.
    onzijdig: fiur = vuur.
Middelhoogduits: vrouwelijk: naht = nacht.

———

Voornaamwoorden (Pronomina)

1 Persoonlijke Voornaamwoorden (Pronomen Personale)

— De woorden kennen geen verbuiging in de normale zin van het woord, maar bestaan uit een nominatief die van een andere stam gevormd is dan de andere Naamvallen. Er is geen geslachtsonderscheiding. Er is onderscheiding naar persoon. De persoonlijke voornaamwoorden zijn de enige verbuigbare woorden waar nog een tweevoud bij bestaat.

	eerste persoon				tweede persoon				reflexivum		
	Nom.	Gen.	Dat.	Acc.	Nom.	Gen.	Dat.	Acc.	Gen.	Dat.	Acc.

Enkelvoud.

	Nom.	Gen.	Dat.	Acc.	Nom.	Gen.	Dat.	Acc.	Gen.	Dat.	Acc.
Go.	ik	meina	mis	mik	þu	þeina	þus	þus	[seina]	sis	sik
Un.	eka	[mīna]	meʀ	m[i]k	[þu]	þīna	[þeʀ]	[þik]	[sīna]	[seʀ]	[sik]
On.	ek	mīn	mēr	mik	þū	þīn	þēr	þik	sīn	sēr	sik
Ïsl.	jeg, eg¹⁾	mín	mjer	mig	þú	þín	þjer	þig	sín	sjer	sig
Nn.	eg	(min)	meg	meg	du	(din)	deg	deg	(sin)	seg	seg
Bm.	jeg	(min)	meg	meg	du	(din)	deg	deg	(sin)	seg	seg
De.	jeg	(min)	mig	mig	du	(din)	dig	dig	(sin)	sig	sig
Zw.	jag	(min)	mig	mig	du	(din)	dig	dig	(sin)	sig	sig ²⁾
Oe.	ic	mīn	mě	mec, mě	þū	þīn	þē	þec, þě	—	—	— ²⁾
Me.	ic	(min)	me	me	þū	(þin)	þe	þe	—	—	— ²⁾
Ne.	I	(mine)	me	me	you	(yours)	you	you	—	—	— ²⁾
Fr.	ik	(mines)	mij, my	mij, my	dou, dû	(dines)	dij, dy	dij, dy	—	—	— ²⁾
Os.	ik	mīn	mī, me	mi(k), me	thū	thīn	thī	thi(k)	—	—	— ²⁾
Mnl.	ic	mijns	mi	mi	du	dijns	di	di	—	—	—
Nnl.	ik	(mijner)	mij	mij	jij	(jouwer)	jou	jou	—	zich	zich ²⁾
Afr.	ek	(myne)	my	my	jy	(joue)	jou	jou	—	— ²⁾	—
Ohd.	ih	mīn	mir	mih	dū	dīn	dir	dih	sīn	— ²⁾	sih
Mhd.	ich	mīn	mir	mich	du, dū	dīn	dir	dich	sīn	— ²⁾	sich
Nhd.	ich	meiner	mir	mich	du	deiner	dir	dich	—	sich	sich

¹⁾ noot: in het dagelijks gebruik komt alleen jeg voor.
²⁾ noot: in plaats van een apart reflexivum gebruiken deze talen het "geslachtelijke" voornaamwoord. b.v. Ne. he gives him(self).....

Tweevoud

	Nom.	Gen.	Dat.	Acc.	Nom.	Gen.	Dat.	Acc.
Go.	wit	[ugkara]	ugkis	ugkis	[jut]	iggqara	iggis	iggis ²⁾
Un.	[wi]t	—	—	—	—	—	—	— ³⁾
On.	vit	okkar	okkr	okkr	it, þit	ykkar	ykkr	ykkr
Ïsl.	við	okkar	okkur	okkur	þið	ykkar	ykkur	ykkur
Oe.	wit	uncer	unc	unc(it)	git	incer	inc	inc(it)
Me.	—	unker	unk	—	—	—	—	— ³⁾
Os.	wit	unkero	unk	unk	git	[inkero]	ink	ink ⁴⁾
Beiers dialect	ës	—	ēnc	ēnc	—	—	—	—

¹⁾ noot: de reflexivum-vormen gelden voor alle getallen
²⁾ noot: er zijn geen andere Un. vormen overgeleverd.
³⁾ noot: deze twee vormen zijn de enige tweevoud vormen die in het Me. zijn aangetroffen.
⁴⁾ noot: het Hoogduits had geen tweevoud vormen, deze vormen zijn waarschijnlijk in een ver verleden aan het Gotisch ontleend.

Meervoud.

Go.[1]	weis	unsara	uns(is)	uns(is)	jus	izwara	izwis	izwis
On.[1]	vēr	vār	ōs, øss	ōs, øss	ēr, þēr	yðr(v)ar	yðr	yðr
IJsl.	vjer	vor	oss	oss	þjer	yðar	yður	yður
Nn.	vi, me	(vår)	oss	oss	de	(dykkar)	dykk	dykk
Bm.	vi	(vår)	oss	oss	dere	(deres)	dere	dere
De.	vi	(vor)	os	os	I	(jer)	jer	jer
Zw.	vi	(vår)	oss	oss	ni	(er)	er	er
Oe.	wē	ūser, ure	ūs	ūs(ic)	gē	eower	eow	eow(ic)
Me.	wē	(ure)	us, ous	us, ous	ȝē, yē	(jure)	eow, ȝou, you
Ne.	we	(ours)	us	us	you	(yours)	you	you
Fr.	wij, wy	(uzes)	ús	ús	jim(me)	(jimmes)	jim(me)	jim(me)
Os.	wi, we	ūser	ūs	ūs	gī, ge	euwar	eu	eu
Mnl.	wi	onser	ons	ons	ghi	uwer	u	u
Nnl.	wij	(onzer)	ons	ons	jullie	—	jullie	jullie
Afr.	ons	—	ons	ons	julle	—	julle	julle
Ohd.	wir	unsēr	uns	unsih	ir	iuwer	iu	iuwih
Mhd.	wir	unser	uns	uns (ich)	ir	iuwer	iu	iuch
Nhd.	wir	unser	uns	uns	ihr	euer	euch	euch

[1] noot: Un. vormen zijn niet overgeleverd.

— Eerste persoon enkelvoud.

De nominatief komt van IE *egô(m) of *eghom. De Un vorm eka wijst op een oorsprong *egōm, en andere vormen ik/ek wijzen op eñ vorm *eg of egom. De stamklinker is i behalve bij Noordgermaanse talen en het Afr. In het Nrdgerm. is de e waarschijnlijk ontstaan onder invloed van a in de volgende lettergreep. Afr. ek is ontstaan uit Mnl. ic, of was ak als ek (dat dan een dialectische vorm was) in Zuid-Afrika ingevoerd.

De andere naamvallen hebben de stam me-, die overeenkomt met L. mē Grieks (ἐ)μέ ((e)mé). In de verschillende Germaanse talen is er in de stamklinker veel variatie van i en e. Deze gevallen zijn nog niet alle verklaard.

De genitief is oorspronkelijk een bijvoeglijk naamwoord in -īna, dat de functie van een bezittelijk voornaamwoord had. De genitief heeft in latere tijden (dan die van de Oudgermaanse talen) vaak zijn eigen betekenis verloren. In die gevallen dat er geen echte genitief was heb ik genomen: bij het Nn, Bm, De, Zw, Me: de mannelijke vorm van het bezittelijke voornaamwoord, bij het Ne, Fr en Afr: de (mannelijke) vorm van het zelfstandige bezittelijke voornaamwoord. Bij het Nnl heb ik de "echte" vorm van de genitief gebruikt, maar omdat deze vorm eigenlijk niet meer gebruikt wordt heb ik hem tussen haakjes gezet.

De datief die oorspronkelijk in -s eindigd is op verschillende manieren verklaard. De meest waarschijnlijke is die die zegt dat de vormen oude ablatieven in -ts zijn. De vormen zonder slotmedeklinker zoals Mnl mī zijn hier waarschijnlijk aan gelijk, en zijn zij hier uit ontstaan daar dat zij de slotmedeklinker verloren hebben. De Un, On, IJsl, Ohd, Mhd en Nhd vormen gaan door rotacisme uit in -r. Nn, Bm, De en zweeds gebruiken de accusatief vormen in de datief.

De -k in de accusatief wordt over het algemeen verklaard als zijnde hetzelfde als -ye in Grieks ἐμέ-γε (emé-ge). Het is echter niet echt waarschijnlijk dat zo'n achtervoegsel veranderd is in zo'n eenvoudige vorm, waarbij zelfs de klank veranderde. Waarschijnlijker is het een overgang van de nominatief. Bij de Westgermaanse talen met uitzondering van het Hoogduits is de -k weer afgevallen. De -g bij de Noordgermaanse vormen zijn ontstaan uit de vorm in zwakbeklemtoonde positie.

— Tweede persoon enkelvoud c

De stam is IE *twe, wat o.a. blijkt uit de Sk. nom. tvám, abl. tvád, loc. tvé. Deze stam geldt voor alle naamvallen. Voor de verklaring van de uitgangen zie 1e persoon. Ne, Nnl en Afr. hebben onregelmatige vormen. De Ne.vormen komen waarschijnlijk uit het meervoud, zie aldaar. De oorspronkelijke Engelse vorm leeft nog voort in zeer plechtige taal. De vormen zijn: Nom. Thou, Gen. (thy), Dat. Acc. thee. De oorspronkelijke Nederlandse vorm is, in boeken, in ongeveer 1650 uitgestorven. De tegenwoordig gebruikte vormen komen zoals bij het Engels uit het meervoud. Het Afr. komt aan z'n vormen omdat deze in de "jij" vorm naar Afrika zijn getransporteerd.

— Reflexivum (derde persoon) d

De stam is *swĕ, *sĕ. Er is geen nominatief. Bij de talen: Oe, Me, Ne, Fr, Os, Mnl en Afr. worden de gewone geslachtelijke persoonlijke voornaamwoorden in deze plaats gebruikt. In het Ohd. en Mhd. wordt in plaats van een datief *sir het gewone voornaamwoord gebruikt. In het Nhd. heeft het gebruik van de Accusatief vorm zich uitgebreid tot de datief. Dit is ook het geval bij de talen: Nn, Bm, Oe, Zw. De Nnl. vorm zich is overgenomen van het Hoogduits. De vormen van het reflexivum worden in alle getallen (enkelvoud, tweevoud en meervoud) gebruikt.

— Eerste persoon tweevoud e

De vorm van de stam wordt bij het meervoud behandeld. De nominatief is hetzelfde als Litouws vè-du "wij-twee". De oorspronkelijk germaanse vorm *wetu werd *witu en dat werd wit.
In de andere naamvallen hebben we de stam ŋ, die waarschijnlijk net als in het meervoud teruggaat op de stam m. Die ŋ is waarschijnlijk ontstaan onder invloed van -k, die uit het enkelvoud was overgenomen. Dit zou betekenen dat Germaans *uŋk oorspronkelijk geen tweevoudbetekenis had. De op deze manier gevormde vormen namen later de uitgangen van het meervoud aan.

— Tweede persoon tweevoud f

De nominatief-vorm is weer hetzelfde als Litouws jù-du. De Gotische vorm *jut komt nergens voor, maar deze vorm is waarschijnlijk wel de goede. In de andere talen waarin een tweevoud voorkomt hebben de nominatief vormen dezelfde verzwakking als in het Ohd ir. (=Nhd ihr). De andere naamvallen hebben -k, zoals in de eerste persoon en ook de uitgangen (oorspronkelijk) van het meervoud.

— Eerste persoon meervoud. g

De nominatief heeft de stam *we waarachter de voornaamwoordelijke meervouds-i gekomen is. In het Germaans is er hier

achter nog een tweede (naamwoordelijke) meervouds -s (Go weis < Germaans wīs, wīz, ON vēr, Ohd wir) De vormen zonder -s (-r) zoals b.v. Oe en Os zijn waarschijnlijk door verzwakking uit de vormen met -s (-r) ontstaan. De andere naamvallen hebben de Germaanse stam uns < *n̥s die weer teruggaat op *-m̥s. Hier achter kwamen dan de uitgangen zoals -is in Go. (van de datief enkelvoud mis) of -ic,-ih in Oe. en Ohd (van de accusatief enkelvoud mec, mih). De -n- voor de -s verdween met verlenging van de klinker. We zien hier tevens een voorbeeld dat het Mnl. geen voortzetting is van het Os, want het Mnl heeft de -n- niet verloren en het Os. wel. In het On. is de u ook tot o verlaagd (dit heeft zich ook in het Nederlands afgespeeld). De On vorm zou dan ōs moeten worden. Deze vorm komt echter maar weinig voor. Een andere vorm is die waarbij een (verzwakte) uitgang (-ŏ,-iz) wordt gebruikt. Deze vorm kreeg dan umlaut en de klinker werd verkort. Deze vorm was øss. De meest voorkomende vorm is echter een soort compromis tussen deze twee vormen nl: oss.
De genitief vormen zijn, zoals in het enkelvoud, naamvals vormen van een bijvoeglijk naamwoord, maar met een r-suffix (zoals in Go. anþar). De Go. en Westgerm. vormen zijn duidelijk. De Noordgermaanse vormen echter kunnen alleen begrepen worden als we het paradigma van het bezittelijke voornaamwoord vārr bekijken. In dit paradigma variëren er nl 3 stammen, nl. vār-, ōr- en oss. Omdat ik de paradigma van de bezittelijke voornaamwoorden niet vermeld wilde ik het paradigma van On vārr (oudste vormen) hier onder plaatsen:

enkelvoud: nom: vārr   ōr   vārt
           gen : vārs   vārrar   vārs
           dat : ōrum, ossum vārri   ōru, ossu
           acc : vārn   ōra   vārt
meervoud: nom : ōrir   ōrar   ōr
           gen : vārra   vārra   vārra
           dat : ōrum, ossum ōrum, ossum ōrum, ossum
           acc : ōra   ōrar   ōr

De stam ōr- komt van Germaans *unsaro, in het Un. moet dit *unnaro geweest zijn. nʀ werd nn zodat de vorm *ōs(a)ru werd. sr veranderde dan in r zodat we alleen de stam ōr overhielden. later kwam hier een v- voor, analoog aan de nominatief van het pers. voornaamwoord. Deze v- kon soms nog wel eens afvallen. De vorm was dus (v)ōr. De vorm vār is gevormd als een contrast van (v)ōr, analoog aan varþ-orþenn (werd-geworden)

— Tweede persoon meervoud   h
De vorm die Germaans *jūz was (*jū + meervouds -s) is in het Ohd en On verzwakt tot ir. In het On ging later een vorm met þ overheersen door dat er vaak woorden die op ð eindigden voor ēr stonden. Deze ð is toen in de vorm þ bij ēr gevoegd. De Westgermaanse talen hadden oorspronkelijk g-. Deze g is in het Engels en Fries in j- veranderd. De engelse vormen zijn toen ook in het enkelvoud gebruikt. In het Nederlands is de oorspronkelijke vorm

gij nog bewaard in zuidelijke dialecten. De vormen zijn: nom. gij, gen. (uwer), dat. acc. u. Uit deze vorm is ook de Nederlandse beleefdheidsvorm ontstaan. Deze is ontstaan doordat de dat. acc. vorm in de nominatief is doorgedrongen of omdat ze ontstaan is uit vormen als Uwe edelheid. De vormen zijn: nom. dat. acc. u, gen. (uwer). De j is waarschijnlijk door verzwakking van de g ontstaan. De meervoudsvorm is later in het enkelvoud doorgedrongen, waarna, om weer onderscheid te kunnen maken tussen enkelvoud en meervoud, is het meervoud achter de "stam" je een uitgang -lui te zetten. Deze vorm werd later jullie. In de andere naamvallen (dan de nominatief) zijn de Westgermaanse vormen regelmatig. De gotische vormen met izw- zijn niet geheel duidelijk, maar kunnen ontstaan zijn door de wet van Holtzman: Germaans +iwiz ⇒ iggwiz > izwis. In het oudnoords heeft de vorm +iʀwiʀ dissimilatie getoond tot iðwiʀ. Het Nn. gebruikt in het meervoud de tweevoudvormen. De originele meervoudsvormen zijn verdwenen.

2 Het Persoonlijk Voornaamwoord van de derde Persoon. (En. The Anaphorical Pronoun)

Er zijn van dit voornaamwoord zoveel verschillende vormen a dat er vier stammen onderscheiden worden nl:
(1) +i-, en nevenvormen: ei-, ejo- (ejā), jo. (dit zijn ablautvormen van i.) Onder de i-stam rekenen we ook de e-/o-stammen omdat in de germaanse talen het niet altijd duidelijk is of we met een voornaamwoord van de i- of de e-stam te doen hebben.
(2) +sjo-/sjā-/sī-.
(3) +ke-/ko-, alleen of in combinatie met eno-/ono-
(4) to-

paradigma:

	mannelijk				onzijdig				vrouwelijk			
	nom.	gen.	dat.	acc.	nom.	gen.	dat.	acc.	nom.	gen.	dat.	acc.
Enkelvoud:
Go.	is	is	imma	ina	ita	is	imma	ita	si	izōs	izai	ija
On.	hann	hans	honum	hann	þat	þess	þvī, þī	þat	hun	hennar	henni	hana
Ysl.	hann	hans	honum	hann	það	þess	þvī	það	hún	hennar	henni	hana
Nn.	han	(hans)	honom, han	det	—	det	det	ho	(hennes)	henne, ho
Bm.	han	(hans)	ham	det	(dets)	det	det	hun	(hennes)	henne
De.	han	(hans)	ham	den, det	(dens)	den, det	den, det	hun	(hendes)	hende
Zw.	han	(hans)	honom	det	(dess)	det	det	hon	(hennes)	henne
Oe.	hē	his	him	hine	hit	his	him	hit	hīo	hiere	hiere	hīe
Me.	hē	(his)	him	hine	hit	(his)	him	hit	heo	(hire)	hire	hi
Ne.	he	(his)	him	him	it	(its)	it	it	she	(her)	her	her
Fr.	hij/hy	—	him	him	—	—	—	—	sij, sy, hja	(harres)	har	har
Os.	hē	is	imu	ina	it	is	imu	it	siu	ira	iru	sia
Mnl.	hi	[sijns]	hem	hem	het	—	hem	het	si	haer	haer	haer
Nnl.	hij	[zijner]	hem	hem	het	—	het	het	zij	—	haar	haar
Afr.	hy	[syne]	hom	hom	dit	—	dit	dit	sy	(hare)	haar	haar

Ohd.	er	[sīn]	imu	in(an)	iz	es	imu	iz	siu,sī	ira	iru	sia
Mhd.	ër	(ës)	im(e)	in	ëʒ	ës	im(e)	ëʒ	si,siu,sie	ir(e)	ir(e)	sie,si,siu
Nhd.	er	[seiner]	ihm	ihn	es	[seiner]	ihm	es	sie	ihrer	ihr	sie

¹⁾ noot: Un. vormen zijn niet overgeleverd
²⁾ noot: In het Me. was er zo veel verscheidenheid in vormen dat ik er maar één opgeschreven heb. Andere vormen waren:

Third Person.

	Masc.	Fem.	Neuter.
N.	hē, ha, a	heo, hi, hue, ho, ȝe, ȝhe, ȝho, sæ, schee, sche, she, scho, etc.	N.A. hit, it, a
A.	hine, hyne, hin, him, hym	hi, here, her, hire, kir, er	
D.	him, hym	hire, here, etc., hurre	him

³⁾ noot: Ik heb geen Friese vormen kunnen vinden die onzijdig waren. De met blauw geschreven vormen (van Noordgermaans en Afr) zijn de vormen van het aanwijzend voornaamwoord (geldt ook voor het meervoud.

Meervoud

Go.	eis	izē	im	ins	ija	izē	im	[ija]	[ijos]	izō	im	ijos
On.¹⁾	þeir	þeir(r)a	þeim	þā	þau	þeir(r)a	þeim	þau	þaer	þeir(r)a	þeim	þaer
Ísl.	þeir	þeirra	þeim	þá	þau	þeirra	þeim	þau	þaer	þeirra	þeim	þaer
Nn.	de	(deres)	dem	dem				als mannelijk
Dm.	de	(deres)	dem	dem				als mannelijk
De.	de	(deres)	dem	dem				als mannelijk
Zw.	de	(deras)	dem	dem				als mannelijk
Oe.	hīe, hī	hiera	him	hīe, hī				als mannelijk
Me.²⁾	hie	(here)	heom	hi				als mannelijk
Ne.³⁾	they	(their)	them	them				als mannelijk
Fr.	sij,sy,hja	(harres)	har	har				als mannelijk
Os.	sia	iro	im	sia	siu	iro	im	siu	als mannelijk
Mnl.	si	haer	hem,hen	hem,hen				als mannelijk
Nnl.	zij	(hunner)	hun	hen				als mannelijk
Afr.	hulle	–	hulle	hulle				als mannelijk
Ohd.	sie	iro	im	sie	siu	iro	im	siu	sio	iro	im	sio
Mhd.	si,sie,siu	ir(e)	in	si,sie,siu				als mannelijk
Nhd.	sie	ihrer	ihnen	sie				als mannelijk

¹⁾ noot: Er zijn geen Un. vormen overgeleverd
²⁾ noot: andere Me. vormen:

Plural.

N. hie, hi, hij, heo, þei, þai, þeȝȝ, they, thai, etc.
A. hi, heom, hem, ham, hise, his, þaim, þeim, þem, thaim, them, theym, etc.
D. heom, hem, kemm, ham, hom, þaim, þeim, etc.

³⁾ noot: Deze vormen zijn, net als de Me. vormen þei, þai, þeȝȝ, they enz. overgenomen uit het Noordgermaans, dus eigenlijk vormen van van het Noordgermaanse aanwijzende voornaamwoord.

De uitgangen worden behandeld onder de aanwijzende voornaamwoorden. Enkele opmerkingen over stammen en vormen zijn:
— Gotisch: Er is slechts één te gebruiken stam, en dat is i-. Er zijn helemaal geen vormen die wijzen op de e-stam.

b

Noordgermaans: De vormen van het aanwijzend voornaamwoord worden aldaar behandeld. In de beide echte geslachten die de echte pers. voornaamwoorden gebruiken is de stam hān < *kēn-, waarschijnlijk *ke-eno-. De verkorting van de klinker is noodzakelijk voor nn. Het is ook mogelijk dat deze vormen ontstaan zijn doordat ze in onbeklemtoonde positie stonden. Vormen met lange klinker bestaan nl. ook (b.v. hōnum, hōn). de o in honum, hon is u-umlaut, met verdere breking van ǫ tot o onder invloed van n. Hennar en henna hebben i-umlaut, die ontstaan is onder invloed van een suffix -ízōs, -izai, in plaats van het gebruikelijke -aiz-. In de Scandinavische talen is de oorspronkelijke datief ook in de accusatief in gebruik.

Engels en Fries: De oorspronkelijke onz. vorm hit heeft de h- waarschijnlijk analoog aan mannelijk en vrouwelijk aangenomen. De genitief meervoud hiora, heora, hiera heeft o-umlaut van hira. De vormen met s- (b.v. she, sy) zijn in het Fries waarschijnlijk uit het Nederlands of Nederduits overgenomen. De engelse vormen komen waarschijnlijk ook zo aan hun s-.

Oudsaksisch, Nederlands en Afrikaans: In het Mnl. heeft de h- van hi zich over alle vormen verspreid. In de genitief enkelvoud staat Mnl. sijns dit houd in dat het oorspronkelijk alleen refexive woord nu in alle gevallen gebruikt kan worden. (dit geldt ook in het Hoogduits) In het Nnl. in de gen. meervoud niet meer de vorm haer, maar de vorm van het gewone bezittelijke voornaamwoord hun. De onderscheiding in het Nnl. tussen hun en hen is kunstmatig en uitgedokterd in de 17e eeuw door toenmalige taaldeskundigen. De Afr. vorm hulle komt uit de 17e eeuwse Nederlandse volkstaal. De oorspronkelijke voorwerpsvorm is ook in de nominatief (onderwerpsvorm) in gebruik.

Hoogduits: Het is hier niet geheel duidelijk wat i- en e-stammen zijn. Waarschijnlijk was de e oorspronkelijk in de gen. enkelvoud onzijdig en is vandaaruit eerst naar de nom. mannelijk en nog later naar de nom. onzijdig gegaan.

3   De Bezittelijke Voornaamwoorden (Pronomen Possesivum)

— Dit zijn bijvoeglijke naamwoorden die afgeleid zijn van de genitief van het persoonlijk voornaamwoord. Ze zijn in twee groepen in te delen. nl. de bez. voornaamwoorden die afgeleid zijn van de persoonlijke voornaamwoorden. Deze zijn verbuigbaar. De andere groep zijn die die zijn afgeleid van de pers. voornw. van de derde persoon en deze zijn gelijk aan de genitieven van deze woorden. De verbuigbare worden over het algemeen sterk verbogen.

— Verbuigbare vormen (oorspronkelijk)

	1e pers ev.	2e pers. ev.	reflexief	1e pers tv.	2e pers. tv.	1e pers mv.	2e pers.mv.
Go.	meins	þijns	seins	[ugkar]	[iggar]	unsar	izwar
Un.	minino¹⁾	—	sin²⁾	—	—	—	—
On.	minn	þinn	sinn	okkarr	ykkarr	várr	yð(v)arr
Ysl.	minn	þinn	sinn	—	—	vor	—
Nn.	min	din	sin	—	—	vår	—
Bm.	min	din	sin	—	—	vår	—

De.	min	din	sin	–	–	vor	jer
Zw.	min	din	sin	–	–	vår	er
Oe.	mīn	þīn	sīn	uncer	incer	ūser (ūre)	ēower
Me.	min, mi	þin, þi	–	–	–	ure, oure	ȝure, youre
Ne.	my	your (thy)	–	–	–	our	your
Fr.	myn	dyn	syn	–	–	ús	jimme
Os.	mīn	thīn	sīn	unka	inka	ūsa	euwa
Mnl.	mijne	dijne	sijne	–	–	onse	uwe
Nnl.	mijn	jouw	zijn	–	–	ons	jullie, uw
Afr.	my	jou	sy	–	–	ons	julle, u
Ohd.	mīn	dīn	sīn	–	–	unser	iuwer
Mhd.	min	din	sin	(ënker)³	–	unser	iuwet
Nhd.	mein	dein	sein	–	–	unser	euer

¹⁾ Deze vormen zijn de vormen van de nom. man. enkelv. (muv. de un. vormen)
noot: deze vorm in acc. enkelvoud
²⁾ noot: deze vorm in acc. enkelvoud.
³⁾ noot: Het Hoogduits heeft geen tweevoudvormen. Deze vorm is een Beierse vorm die waarschijnlijk uit het Gotisch is overgenomen. Deze vorm werd in het meervoud gebruikt. (zie ook 1 a)

De vormen voor de 3ᵉ persoon, het reflexivum, kunnen in de Noordgermaanse talen alléén in reflexieve zin gebruikt worden, in de Westgermaanse talen worden deze vormen zowel in reflexive als niet-reflexive zin gebruikt. (De Gotische vormen zijn ook slechts reflexief)

– Vormen die (oorspronkelijk) gelijk zijn (waren) aan de genitief en die oorspronkelijk onverbuigbaar waren:

	3ᵉ pers.ev.m.	3ᵉ pers.ev.on.	3ᵉ pers.ev.v.	1ᵉ pers.tw.v.	2ᵉ pers.tw.v.	2ᵉ pers.mv.	3ᵉ pers.mv.
Go¹⁾	es	es	izos	–	–	–	izē izō
On:	hans	þess	hennar	–	–	–	þeira
IJsl	hans	þess	hennar	okkar	ykkar	yðar	þeirra
Nn:	hans	–	hennes, hennar	–	–	dykkar	deira
Bm:	hans	dens, dets	hennes	–	–	deres	deres
De:	hans	dens, dets	hendes	–	–	–	deres
Zw:	hans	dess	hennes	–	–	–	deras
Oe:	his	his	hiere	–	–	–	hiera
Me:	his, hise	his	hire, here, his, her	–	–	–	here, heore
Ne:	his	its	her	–	–	–	their, hāre enz.
Fr:	–	–	har	–	–	–	har(ren)
Os:	is	is	ira	–	–	–	iro
Mnl:	–	–	haer	–	–	–	haer
Nnl:	–	–	haar	–	–	–	hun
Afr:	–	–	haar	–	–	–	hulle
Ohd:	–	es	ira	–	–	–	iro
Mhd:	(ës)	ës	ir(e)	–	–	–	ir(e)
Nhd:	–	–	ihr	–	–	–	ihr

¹⁾ noot: de vormen van de oude talen stonden niet in het boek, ik heb in die gevallen "gewoon" de genitief genomen.

Al deze vormen zijn onverbuigbaar behalve de Nhd. vormen die worde verbogen als de andere bezittelijke voornaamwoorden.

Telwoorden (Numeralia)

1 Hoofdtelwoorden (Cardinalia)

— 1.

Go.	ains	Un.	ainar	On.	einn	IJsl.	einn	Nn.	ein
Bm.	en	Zw.	en	De.	en	Oe.	ān	Me.	ēn
Ne.	one	Fr.	ien	Os.	ēn	Mnl.	een	Nnl.	één
Afr.	een	Ohd.	ein	Mhd.	ein	Nhd.	eins		

De vorm was IE *oinos, vgl Grieks οἰνή (oinè) "een op dobbelsteen". L. ūnus < *oinos. Sk ē-ka < *oi- wijst erop dat -no- een suffix is dat waarschijnlijk bij het aanwijzend vnw eno-/ono- behoort; het eerste gedeelte van de stam is waarschijnlijk de o-wijziging van het vnw *i-.

De verbuiging is oorspronkelijk die van het sterke bijvoeglijke naamwoord (Go. masc. ains, neut ain en ainata, fem aina). Bij het On. en IJsl. is de verbuiging hetzelfde als van het bezittelijk voornaamwoord minn. (dit is in principe dezelfde verbuiging als die van het bijvoeglijke naamwoord). Bij het Nn. bestaan er vrouwelijke en onzijdige vormen, ei en eitt. Bij het Bm, het Zw. en het De. bestaan er onzijdige vormen, respectievelijk ett, ett en et. Het Nhd heeft nog een vorm ein die wordt gebruikt als het telwoord niet alleen staat. In de andere talen is het telwoord niet verbuigbaar.

— 2

	nom.masc.	acc.masc	n.a. neut	n.a. fem	gen. m.n.f.	dat. m.n.f
Go.	twai	twans	twa	twōs	twaddje	twaim
On.[1]	tveir	tvā	tvau	tvær	tveggja	tveim(r)
IJsl.	tveir	tvo	tvö	tvær	tveggja	tveim(ur)
Oe.	twēgen	twēgen[2]	tū, twā	twā	twēg(e)a	twǣm
Os.	twene	twene[2]	twē	twā, twō	tweio	twēm
Mnl.	twee	tween	twee(n)[3]	twee(n)[3]	tweer	tween
Nnl.	twee	twee	twee	twee	(tweeër-)[4]	(tweeën)[4]
Ohd.	zwēne	zwēne[2]	zwei	zwā, zwō	zweio	zweim
Mhd.	zwēne	zwēne	zwei	zwō[5]	zweiger	zwein, zweien
Nhd.	zwei	zwei	zwei	zwei	zweier	zweien

1) noot: er zijn geen Un vormen overgeleverd.
2) noot: de acc.masc. vormen van de talen Oe, Os en Ohd heb ik nergens kunnen vinden. Ik heb ze analoog aan de Mhd vorm gelijk gesteld aan de nom.masc. vorm.
3) noot: twee is de vorm van de nominatief, tween is de vorm van de accusatief.
4) noot: de genitief en datief vormen worden niet meer als zodanig gebruikt, maar leven voort als woorden in zinnen als wij tweeën en tweeërlei.
5) noot: andere vormen: zwuo, zwā.

In de andere talen dan de boven genoemde zijn de woorden voor 2 onbuigbaar. De vormen zijn:

Nn.	to	Bm.	to	Zw.	två	De.	to	Me.	two
Ne.	two	Fr.	twa	Afr.	twee				

De IE stam was de onverbogen vorm *dwo = Grieks δύο (duo), L. duo, Go. neut. twa. Dit werd behandeld als een tweevoud (dualis) van een zelfstandig naamwoord; de vormen van het IE tweevoud vormen zijn onvolkomen (niet geheel) bekend, maar -ōu/-ō was de karakteristieke nominatief-accusatief van masc. o-stammen, -ai van ā-stammen en -oi van neut. o-stammen: Sk. dváu "2", aśváu (masc.) (van áśva- "paard", masc.), Grieks ἄμφω (amphoo), L. ambō; áśve (< ai, van áśvā "merrie"), Sk. dvé (fem., neut.), Osl. rǫcě "twee handen".

De Go. masc. twai komt overeen met de fem., neut. vormen van het tweevoud, maar de vorm kan ook verwant zijn met de voornaamwoordelijke meervoud þai. De masc. vormen van de andere (oudgermaanse) dialecten hebben ook gediftongeerde stammen. Oe -gen, Os, Ohd, Mhd -ne behoren bij het voornaamwoord *(j)en-; in Oe veroorzaakte -j- umlaut van ā < ai. Os ē was gemonophthongeerd van ai in een tijd dat het woord slechts werd gevoeld als een onderdeel, en ai was in de positie van een uitgang.

De Go. fem. twōs volgt pōs en gibōs, en de vormen van alle andere talen kunnen hiermee vergeleken worden.

De Go. neut. twa is de onverbogen vorm (IE) *dwo (zie hierboven) of het volgt waurda. De On vorm kan de originele masc. tweevoudvorm, IE *dwōu, zijn, maar het is aannemelijker te geloven dat het het voornaamwoord þau (þa+u, van het meervoud van neut. zelfstandige naamwoorden). Oe tū is verzwakt twa (tŭ), de verlenging van de ū is secundair. De andere Westgermaanse vormen zijn neut. tweevouden in -ai of -oi (zie boven).

De Go acc. masc. twans is vergelijkbaar met de vorm twai of twa + de acc. uitgang -ns.

De genitief, met Go. -ddj- en ON -ggi- gaat volgens de wet van Holzman. Ook de Oe-vorm met -ge- = -jj-. Ohd heeft de corresponderende spelling zweiio. De Os vorm is een versimpeling van de oorspronkelijke vorm.

De datief is gewoon de vorm v. masc. nom met de meervouds-m. (Go twai + m).

— 3.

	nom. masc.	acc. masc.	n.a. neut	n.a. fem.	gen. m.n.f.	dat. m.n.f
Go.	[þreis]	þrins	þrija	þrins[1]	þrijē	þrim
Un.[2]	—	—	—	þrijōR		
On.	þrir	þrjá	þrjū	þrjár	þriggja	þrim(r)
Ijsl.	þrir	þrjá	þrjú	þrjár	þriggja	þrim(ur)
Oe.	þrī(e)	þrī(e)[3]	þrīo	þrīo	þrīora	þrim
Os.	thria,-e	thria,-e[3]	thriu	threa	[thrīo]	thrim
Mnl.	drie	drie	drie	drie	drier	drien
Nnl.	drie	drie	drie	drie	(drieër)[4]	(drieën)[4]

Ohd. drī	drī [3)]	driu	drīo	drīo	drim
Mhd drī,drīe	drī,drīe	driu	drī,drīe	drī(g)er	drin, drī(e)n
Nhd drei	drei	drei	drei	dreier	dreien

[1)] noot: de nominatief vorm is niet overgeleverd, deze zou zowel prins als preis kunnen zijn.
[2)] noot: behalve de vorm prijōR zijn er geen Un. vormen overgeleverd.
[3)] noot: ziet noot [2)] bij "2"
[4)] noot: ziet noot [4)] bij "2"

In de andere talen dan de bovengenoemde zijn de woorden voor 3 onbuigbaar. De vormen zijn:

Nn. tre Bm. tre Zw. tre De. tre Me. thrē
Ne. three Fr. trije Afr. drie

De vormen komen van IE *trei-es (een i-stam), Grieks τρεῖς (treis) L. trēs, Sk tráyas. De masc. en fem. vormen volgen, over het algemeen, de nominale i-stammen, zonder hun klinker verkortingen en met analogische invloed van de ā-stammen in het fem. De neut. prija volgt de normale jo-stammen.

De Go. genitief (þrijē) is onregematig voor *þriddjē. De Oe gen. en dat. vormen volgen het sterke bijvoeglijke naamwoord.

— 4, in de Noordgermaanse talen.

	nom.masc	acc.masc	n.a. neut	n.a. fem.	gen. m.n.f.	dat.m.n.f
On.	fjōrir	fjōra	fjogur	fjōrar	fjogorra, fjoqurra	fjōrum
Ysl.	fjórir	fjóra	fjögur	fjórar	fjög(ur)ra	fjórum

noot: Er zijn geen Un. vormen overgeleverd.

In de andere Noordgermaanse talen is het woord voor 4 onbuigbaar. De vormen zijn:

Nn. fire Bm. fire Zw. fyra De. fire.

De stam is *feður-, fiðr- (verzwakte vorm, vergelijkbaar met Go. fidur- in samenstellingen. ðr > r met vergoedende verlenging; breking e > jo voor u.

De uitgangen zijn die van het sterke adjectief.

— De buiging van de nummers 4-12 in de Oost- en Westgermaanse talen en van 5-12 in het ON.

Deze getallen werden over het algemeen niet verbogen. Als ze gebruikt werden als een zelfstandig naamwoord volgden ze de i-declinatie. Vb: Go. twalibim, twalibē, OE fīfe, -um, -a, Os fīvi,-iun,-io, Ohd finfi,-im,-eo. Bij het Yslands en het oudnoords zijn ze altijd onbuigbaar.

— 4, in de Oost- en Westgermaanse talen.

Go. fidwōr Oe. fēower Me. [1)] Ne. four Fr. fjouwer
Os. fiuwar, fior. Mnl. vier Nnl. vier Afr. vier Ohd. fior
Mhd. vier Nhd. vier

[1)] noot: Van het Me heb ik niet kunnen vinden hoe de getallen hoger dan 3 er uit zagen. Ik kan ze dus niet in dit en de volgende paradigma opnemen.

IE *kwetwor-, Sk catváras, Grieks τέτταρες (téttares), L. quattuor. In Go. t>þ door de wet van Verner. De vormen van de Westgermaanse talen gaan terug naar een parallelle IE-vorm *kwekwōr-, met assimilatie van de tweede medeklinker naar de eerste (of door analogie met *penkwe "5") kw>3w door de wet van Verner;
De begin-f van de Germaanse vormen is waarschijnlijk gevormd door analogie met fimf.

— 5
Go. fimf   On¹⁾ fimm   IJsl. fimm   Nn. fem   Bm. fem
Zw. fem   De. fem   Oe. fīf   Ne. five Fr. fiif
Os. fīf   Mnl. vijf   Nnl. vijf   Afr. vyf   Ohd. fimf
Mhd. fünf, finf   Nhd. fünf

IE *penkwe, Sk pañca, Grieks πέντε (pénte) L. quinque (met qu- van quattuor of door assimilatie naar het mediale qu). ON mm < mf is waarschijnlijk ontstaan door het rangtelwoord fimte waar f was verloren met als compensatie verlenging, als in Oe en Os.

— 6
Go. saíhs   On¹⁾ sex   IJsl. sex   Nn. seks   Bm. seks
Zw. sex   De. seks   Oe. siex   Ne. six   Fr. seis
Os. sehs   Mnl. ses   Nnl. zes   Afr. ses   Ohd. sehs
Mhd. sehs   Nhd. sechs

IE *s(w)eks, Grieks ἕξ (éx), L. sex. Oe toont breking voor hs; de oudere vorm is seohs, maar in de groep eohs (zoals eoht) eo werd ie, en later i, in een vroege periode in het West-Saksisch en Kentisch.

— 7
Go. sibun   On¹⁾ sjau   IJsl. sjö   Nn sju (sinds 1938)
Bm (voor 1938) syv   Bm (na 1938) sju   Zw. sju   De. syv
Oe. seofon Ne. seven   Fr. sawn   Os. sibun   Mnl. seven
Nnl. zeven Ohd. sibun Mhd. siben Nhd. sieben Afr. sewe

IE *septm̥, Grieks ἑπτά (eptá) L. septem. p>þ door de wet van Verner. Het verlies van de -t- is het gevolg van invoed door het rangtelwoord (*septmtó), waar het weggelaten in de zware medeklinker (heavy consonant) groep. Ook het behoud van de eind-nasaal is het gevolg van het rangtelwoord. De Noordgermaanse vormen zonder -n (On sjau) mag mogelijk op deze manier verklaard worden: þ voor u verdween door assimilatie, zoals in *habuk- > hauk- (havik), *gebuká > giúke; u veroorzaakte breking, e>io; de frequente diphtong au werd gesubstitueerd voor de normale diphtong ou.
Oud engels toont u-umlaut van de e.

— 8
Go. ahtáu   On¹⁾ ātta   IJsl. átta   Nn. åtte   Bm. åtte
Zw. åtta   De. otte   Oe. eahta   Ne. eight Fr. acht
Os. ahto   Mnl. achte Nnl. acht   Afr. ag(t) Ohd. ahto
Mhd. ahte   Nhd. acht

IE⁺ oktō(u), een oude tweevoud vorm, Sk astau, Grieks ὀκτω (oktoo),
L. octō. In het On. ht > tt met verlenging van zowel klinker als medeklinker.
Oe. toont breking

9

Go.	niun	On.	nīu	IJsl.	níu	Nn.	ni	Bm.	ni
Zw.	nio	De.	ni	Oe.	nigon	Ne.	nine	Fr.	njoggen
Os.	nigun	Mnl.	negen	Nnl.	negen	Afr.	nege	Ohd.	niun
Mhd.	niun	Nhd.	neun						

IE⁺ neun, newn, L. novem, met -m in plaats van -n naar analogie van
decem. On. nīu is onregelmatig. De frontklinker en de achterste klinker
vormden een diftong met een lang tweede element; zoals bij ⁺sehan
> ⁺sēa > siā. ī in plaats van í moet afkomstig zijn van īo. g(ȝ) in Oe.
en in Os. (en (dus) ook in Fr., Mnl., Nnl., Afr.) is blijkbaar een overganke-
lijke overgangsklank tussen i en u.

10

Go.	taihun	On.	tīu	IJsl.	tíu	Nn.	ti	Bm.	ti
Zw.	tio	De.	ti	Oe.	tīen	Ne.	ten	Fr.	tsien
Os.	tehan	Mnl.	tien	Nnl.	tien	Afr.	tien	Ohd.	zehan
Mhd.	zëhen	Nhd.	zehn						

IE⁺ dékm̥, Grieks δέκα (déka), L. decem, Litouws dešimtis. Os.
en Ohd. (en waarschijnlijk Oe.) -an wijst op een analoge vorm
⁺dekom, maar voor deze vorm zijn geen andere aanwijzingen. In
On: ⁺tehun > ⁺tihun, tiun, tīu, zie bij nīu. In Oe. zouden we de
vorm ⁺tēon < ⁺tehan verwachten, in vergelijking met het rangtelwoord tēoþe. Er moet een verbogen vorm ⁺tēoni- bestaan hebben, maar er zijn geen directe aanwijzingen voor zo'n vorm.

11 en 12

Go.	ainlif	On.	ellefu	IJsl.	ellefu	Nn.	elleve	Bm.	elleve
	twalif		tolf		tólf		tolv		tolv
Zw.	elva	De.	elleve	Oe.	endleofan	N.e.	eleven	Fr.	alve
	tolv		tolv		twelf		twelve		tolve
Os.	ellevan	Mnl.	alf [2]	Nnl.	elf	Afr.	elf	Ohd.	einlif
	twelif		twaelf		twaalf		twaalf		zwelif
Mhd	einlif [3]	Nhd	elf						
	zwelf		zwolf						

[1] noot: Van het Un. zijn er geen hogere getallen overgeleverd. Ik
heb deze dus ook niet kunnen vermelden (deze noot geldt van
de getallen 5-12. Ook van nog hogere getallen ontbreken gegevens).

[2] noot: soms ellévene (bij Maerlant)

[3] noot: ook wel eilf

De formering is exact hetzelfde als in het Litouws: venúo-lika,
dvý-lika. -lika is een afleiding van liekas "meer", Grieks λοιπός
(loipos), wortel ⁺leikʷ- (L. linquo). De betekenis was "(tien en) één
meer, twee meer".
In het On. en Os., nl. was verworden tot ll, en de diftong was verkort
voor de dubbele medeklinker. In Oe. d ontstond als een over-

gangsklank tussen n en l; en- is een verzwakking van ain- > ān-.
De groep -eo- is niet verklaard, maar zou terug kunnen gaan op
een vorm in -un (overgenomen van ⁺tehun), met breking van e voor
u. -an in Noord- en Westgermaans van waar schijnlijk overgenomen
van het nummer "tien".

— 13 - 19 n

Deze zijn eenvoudig weg combinaties van de woorden voor 3-9 en
het woord tien: fidwōr-taihun, fimf-taihun, etc. In het On, Ysl,
de nummers 13-16 hebben -tān, corresponderend met Go. tēhund
17-19 hebben -tjān = OHD zehan. Er zijn echter ook onregelmatigheden
die ik hieronder vermeld:
On: prettān (13) Ysl: prettān (13), seytjān (17) Nn, Bm, De: fjorten (14)
Zw: fjorton (14), a(de)rton (18). Ne: thirteen (13) Fr: trettjin (13), fjirtjin (14)
sechstjin (16) Mnl: dertien (13) Nnl: dertien (13), veertien (14)

— de tientallen (met uitzondering van de nummers 70-100 (120) bij o
het Go, Oe., Os., OHD.)
In principe zijn dit combinaties van de getallen 2-10 en de vormen
van Germaans ⁺tezund- "tiental", een afgeleide van de kmt.
De -d- viel in de datief en accusatief meervoud uit (⁺tezun[d]mis,
⁺tezun[d]ns). De vormen werden toen gelijk aan u-stammen
en toen zijn ook de andere vormen zo verbogen. In het West-
Germaans en in de moderne Noordgermaanse talen (inclusief het Ysl)
waar het laatste deel een suffix geworden is '-tig' is het onverbuigbaar. Het getal voor twintig had oorspronkelijk het tweevoud van het zelfstandig naamwoord, maar dit is slechts in het
On. en Ysl. blijven bestaan (tuttugu) waar schijnlijk in de accusatief
vorm.

	20	30	40	50	60
Go.	twai tigjus	preis tigjus	fidwōr tigjus	fimf tigjus	saíhs tigjus
On.	tuttugu	prír tiger	fiōrer tiger	fimm tiger	sex tiger
Ysl.	tuttugu	prjátíu	fjörutíu	fimtíu	sextíu
Nn.	tjue [1]	tretti [2]	førti [3]	femti	seksti
Bm.	tjue [1]	tretti [2]	førti	femti	seksti
De.	tyve	tredive	fyrre [4]	halvtreds [5]	tres [6]
Zw.	tjugo	trettio	fyrtio	femtio	sextio
Oe.	twēntig	pritig	fēowertig	fiftig	siextig
Ne.	twenty	thirty	forty	fifty	sixty
Fr.	tweintich	tritich	fjirtich	fyftich	sechstich
Os.	twēntig	thritig	fiuwartig	fiftig	sextig
Mnl.	twintich	dertich	viertich	vijftich	(t)sestich
Nnl.	twintig	dertig	veertig	vijftig	zestig
Afr.	twintig	dertig	veertig	vyftig	sestich
Ohd.	zweinzug	driz(z)ug	fiorzug	finfzug	sehzug
Mhd.	zweinzic	drîzic [3]	vierzic	fünfzic	sehzic
Nhd	zwanzig	dreißig	vierzig	fünfzig	sechzig

1) noot: voor 1938: tyve
2) noot: voor 1950: tredve
3) noot: voor 1950: førr

⁴⁾ noot : ook fyrretyve
⁵⁾ noot : ook halvtredsindstyve
⁶⁾ noot : ook tresindstyve
⁷⁾ noot : ook zweinzec

	70	80	90	100	110
On.	siau tiger	åtta tiger	nīo tiger	tīu tiger	ellefu tiger
IJsl.	sjötíu	áttatíu	niutíu		
Nn.	sytti	åtti	nitti		
Bm.	sytti	åtti	nitti		
De.	halvfjerds¹⁾	firs²⁾	halvfems³⁾		
Zw.	sjuttio	åttio	nittio		
Ne.	seventy	eighty	ninety		
Fr.	sawntich	tachtich	njoggentich		
Mnl.	(t)seventich	(t)achtich	(t)negentich		
Nnl.	zeventig	tachtig	negentig		
Afr.	seventig	tachtig	ne(g)entig		
Mhd.	sibzic	ahtzic	niunzic		
Nhd.	siebzig	achtzig	neunzig		

¹⁾ noot : ook halvfjersindstyve
²⁾ noot : ook firsindstyve
³⁾ noot: ook halvfemsindstyve

De Deense vormen "halvtreds", "tres", "halvfjerds", "firs", en "halvfems" zijn onregelmatig. hun verklaringen zijn:

50: halv tredie sinde tyve (halverwege drie dus tweeën een half maal twintig) = halvtreds

60: tre sinde tyve (drie maal twintig) = tres

70: halv fjerde sinde tyve (halverwege vier dus drieën een half maal twintig) = halvfjerds

80: fire sinde tyve (vier maal twintig) = firs

90: halv femte sinde tyve (halverwege vijf dus vieren een half maal twintig) = halvfems

De begin-t bij het Mnl. tseventich, tachtich en tnegentich is waarschijnlijk een verkorting van Os. antsibunda, antahtoda. (zie aldaar)

— De nummers 70-100(120) bij het Go, Oe, Os en het Ohd

	70	80	90	100	110
Go.	sibuntēhund	ahtautēhund	niuntēhund	taihuntēhund	
Oe.	hund seofontig	hund eahtig	hund nigontig	hund tēontig¹⁾	hund endleofantig
Os.	(ant)sibunta²⁾	(ant)ahtoda	nichonta		Oe. hund twelftig "120
Ohd	sibunzo	ahtoza	niunzo	zehanzo³⁾	

¹⁾ noot: ook wel hund hundred (-red komt overeen (bij benadering) met het L. ratiō)

²⁾ noot: ant- is een verzwakking van hunt. Resten hiervan treden nog op in het Mnl. de t- bij tsestich is waarschijnlijk door analogie aangenomen. In het Nnl. leeft deze t- nog voort in tachtig. De t- bij Fr tachtich is waarschijnlijk uit het Nederlands overgenomen.

³⁾ noot : sinds de 11ᵉ eeuw is hunt in gebruik, sinds de twaalfde hundert.

Uit deze tabel blijkt dat Germaans hund oorspronkelijk geen "100" betekende, maar bij alle tientallen van 70-100 (of, in werkelijkheid tot 120) kon worden gevoegd. In dit hebben we een soort van conflict tussen het tien- en het twaalftallig stelsel. In de moderne Germaanse talen zijn de laatste resten van het twaalftallig verdwenen. Slechts enkele uitdrukkingen met betekenissen in het twaalftallig systeem leven thans nog verder, zoals Nhd Schock = 60 en Nhd Dutzend Nnl Dozijn = 12.

De verklaring van de vormen is nog niet geheel duidelijk. Wat betreft het Gotisch zijn er twee mogelijkheden nl. sibun-tēhund = zeven tientallen of sibuntē-hund = tiental van zevens. Ohd sibunzo etc. is een afkorting van hunt sibunzo of sibunzo hunt. Het Go. heeft behalve de vorm taíhuntēhund ook nog de vorm taíhuntaíhund, maar de spelling van aí in plaats van ē geldt als analogische spelling

— 100

Go.	hund[1]	On.	hundrap[2]	Ysl.	hundrað	Nn.	hundre	Bm.	hundre
De.	hundrede	Zw.	hundra	Oe.	hund(red)[3]	Ne.	hundred		
Fr.	hundert	Os.	hund(erod)[4]	Mnl.	hondert	Nnl.	honderd		
Afr.	honderd	Ohd.	hunt[5]	Mhd.	hundert	Nhd.	hundert		

[1] noot: hund werd niet gebruikt voor hunderd, maar alleen (als honderdtal en niet als tiental) voor de honderdtallen "twa hunda, þrija hunda"

[2] noot: betekenis "120", meervouden: "tvau hundruþ, þriu hundruþ"

[3] noot: met betekenissen "240" en "360" hund(red) alleen in de meervouden van honderd. Voor de lagere waarden (100) zie vorige.

[4] noot: meervouden: "twā hund, thriu hund"

[5] noot: zie [3] noot bij vorige.

Het woord honderd bestaat uit twee delen nl. het eerste deel, Go hund Grieks ἑκατόν (ekaton) L. centum Sk. śata was IE *kmtó dat samenhangt met *dékm en dus eigenlijk tiental betekend. Het tweede gedeelte, Germaans *raða (zie ook noot 1 bij onderdeel p) is verwand met het Gotische werkwoord garaþjan "tellen". De betekenis van de lange vorm is dus "getal van 100"

De korte vorm wordt verbogen als een regelmatige o-stam zelfstandig naamwoord. De lange vorm is ook steeds een onzijdig zelfstandig naamwoord.

— 1000

Go.	þusundi	On.	þusund[1]	Ysl.	þúsund	Nn.	tusen	Bm.	tusen
De.	tusinde	Zw.	tusenen	Oe.	þusend	Ne.	thousand	Fr.	tūzen
Os.	thūsundig	Mnl.	dusent[2]	Nnl.	duizend	Afr.	duisend	Ohd.	dūsunt
Mhd.	tûsent	Nhd.	tausend						

IE *tūs-kmtī "sterk honderd", *tū-, *tewe- "sterk zijn" (Sk. tavas "kracht", L. tū-meō "zwellen" Germaans þūs-hundi verloor de h in het onbeklemtoonde gedeelte van het woord.

1000 werd oorspronkelijk als een vrouwelijke jā-stam verbogen, maar waarschijnlijk onder invloed van "100" zijn hier veranderingen in opgetreden nl: in het On is het een vrouwelijke i-stam, in de moderne

Noordgermaanse talen is het een onzijdig zelfstandig naamwoord. In het Oe. was het een onzijdige o-stam. In het Os. een onverbuigbaar zelfstandig naamwoord. In het Ohd. was het een vrouwelijke ā-stam of een onzijdige o-stam. In het Mhd en het Nhd is het een onzijdig zelfstandig naamwoord. Noten: [1] betekend 1200 [2] ook wel dusentich (analoog aan Os. thūsundig)

— 1.000.000

Ysl. miljón   Nn. million   Bm. million   De. million   Zw. miljon
Ne. million   Fr. miljoen   Nnl. miljoen   Nhd. million   Afr. miljoen.
Van Frans million < Italiaans milliōne = letterlijk groot duizend.
Het getal wordt verbogen als een vrouwelijk zelfstandig naamwoord. Het woord is enkele honderden jaren geleden via het Frans in de Germaanse talen binnengekomen. Daarvoor was er geen woord dat "1 000 000" voorstelde

2 Rangtelwoorden (Ordinalia)

— 1ste

a: formering als superlatief van het voorzetsel dat IE* pr- was:
Go. faúra   Oe. fore   Os. fore
b: formering met het -mo- suffix:
Go. fruma   Oe. forma   Ne. former   Os. formo
c: formering met het -to- suffix:
On. fyrstr   Ysl. fyrsti   Nn. første   Bm. første   De. første
Zw. första   Oe. fyrest   Ne. first   Os. furisto   Ohd. furisto
d: formering met -sto- suffix (korte vorm):
Go. air   On. ār   Oe. ǣr   Os. ēr   Ohd. ēr
e: formering met -sto- suffix (lange vorm):
Oe. ǣresta   Fr. earste   Os. eristo   Mnl. eerste   Nnl. eerste
Afr. eerste   Ohd. eristo   Nhd. erste

Ik heb geen Me. en Mhd. vormen kunnen ontdekken. Un. vormen zijn niet overgeleverd. De vormen onder a, b en c zijn van één stam afgeleid en de vormen onder d en e van een andere. De lange vormen bezitten de -sto- suffix nog, de korte niet. De vormen volgen de zwakke verbuiging.

— 2^{de}

a: formering als een comparatief in -tero- (*vergelijk met Grieks δεύ-τερος (deú-teros)) van de aanwijzend voornaamwoord-stam ono-:
Go. anþar   On. annarr   Ysl. annar   Nn. annen   Bm. annen
De. anden   Zw. andra   Oe. ōþer   Ne. other[1]   Os. ōthar
Mnl. ander   Nnl. ander[2]   Afr. ander[2]   Ohd. ander
[1][2] noot: de betekenis van deze woorden is niet "tweede" maar "ander"

b: formering analoog aan de hogere rangtelwoorden:
Mnl. tweeste[1]   Nnl. tweede   Afr. tweede   Nhd. zweite   Fr. twadde
[1] noot: in jongere teksten ook: tweede

c: form. (waarschijnlijk) overgenomen uit het Latijn:
Ne. second

De vormen als Go. anþar waren oorspronkelijk. Zij werden sterk verbogen. De andere vormen zwak.

— 3de – 12de

Go.	þridja	—	fimfta	saíhsta	—
	ahtuda	niunda	taíhunda	—	—
On.	þriði	fjórði	fimti	sétti	sjaundi
	átti (áttandi)	níundi	tíundi	ellipti	tolfti
Ysl.	þriðji	fjórði	fimti	sjötti	sjöundi
	áttundi	níundi	tíundi	ellefti	tólfti
Nn.	tredje	fjerde	femte	sjette	sjuande
	åttande	niande	tiande	ellevte	tolfte
Bm.	tredje	fjerde	femte	sjette	sjuende
	åttende	niende	tiende	ellevte	tolfte
De.	tredie	fjerde	femte	sjette	syvende
	ottende	niende	tiende	ellevte	tolvte
Zw.	tredje	fjärde	femte	sjätte	sjunde
	åttonde	nionde	tionde	elfte	tolfte
Oe.	þridda	feorþa	fífta	siexta	seofoþa
	eahtoþa	nigoþa	teoþa	enlefta	twelfta
Ne.	third	fourth	fifth	sixth	seventh
	eighth	ninth	tenth	eleventh	twelfth
Fr.	tredde	fjirde	fyfte	sechste	sawnde
	achtste	njoggende	tsiende	alf(ste)	tolf(ste)
Os.	thriddio	fiorðo	fífto	sehsto	sibunda
	ahtodo	nigundo	tehando	ellifto	—
Mnl.	derde	vierde	vijfte	seste	sevende
	achtste	negende	tiende	ellefste	twaelfste
Nnl.	derde	vierde	vijfde	zesde	zevende
	achtste	negende	tiende	elfde	twaalfde
Afr.	derde	vierde	vyfde	sesde	sewende
	ag(t)ste	ne(g)ende	tiende	elfde	twaalfde
Ohd.	dritto	feordo	fimsto	sehsto	sibunto
	ahtodo	niunto	zehanto	einlifto	zwelifto
Nhd.	dritte	vierte	fünfte	sechste	siebente
	achte	neunte	zehnte	elfte	zwölfte

Deze vormen zijn superlatieven in -tjo-/-to-. Derde is gevormd met suffix -tjo-, de andere met -to-. Ze worden zwak verbogen.

— 13de – 19de

Deze werden oorspronkelijk gevormd als L. tertius decimus, maar deze vormen zijn alleen overgeleverd in Go. en het oudste Ohd.: "fimfta-taíhunda" en "drittozehanto, fiordozehanto". De latere formatie is "gewoon het hoofdtelwoord met daarachter een vorm van het -to- of -ōsto- suffix

— 20ste en hoger

Voor deze getallen geldt hetzelfde als voor 13de – 19de

LIJST VAN GE-
BRUIKTE BOEKEN

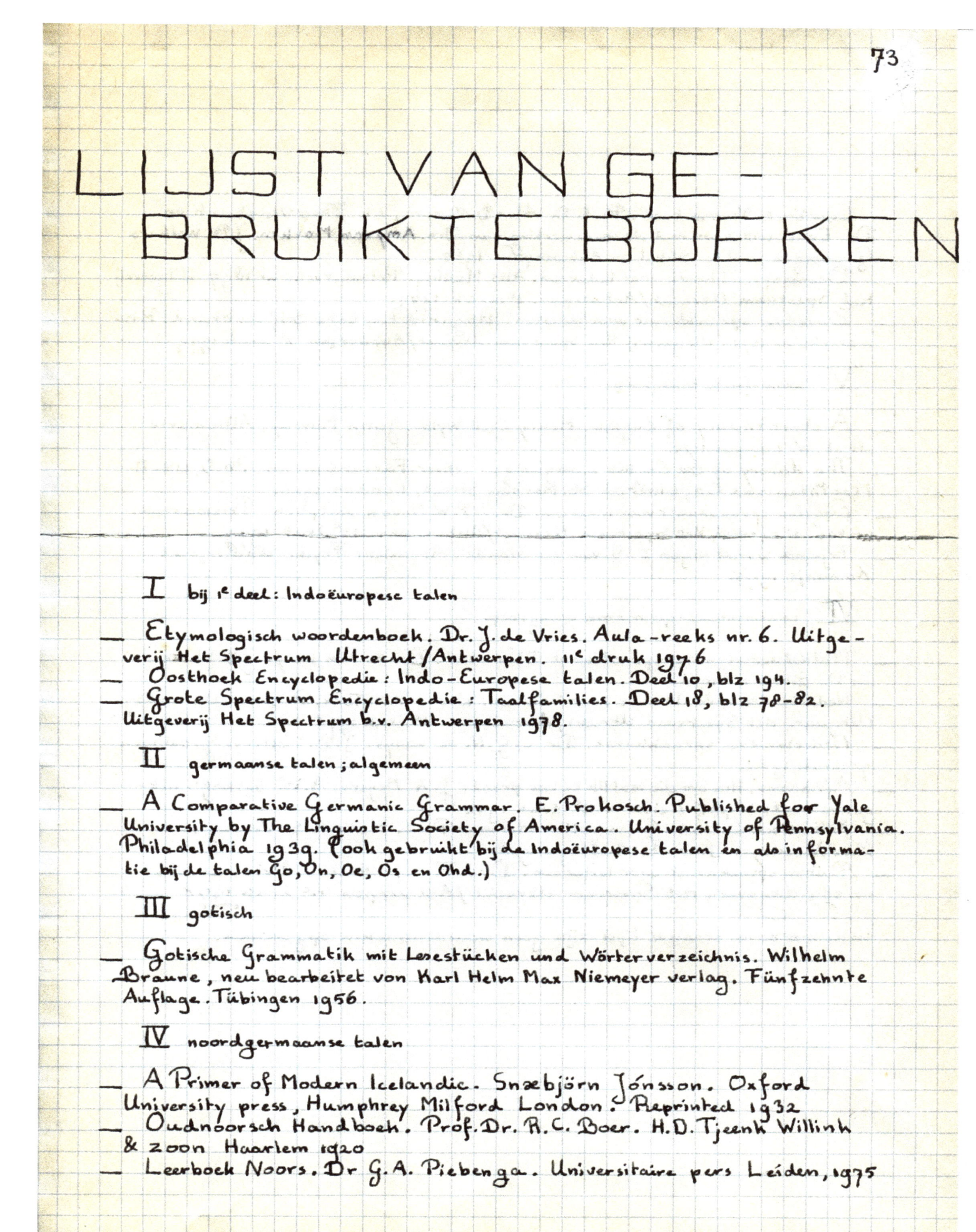

I bij 1e deel: Indoëuropese talen

- Etymologisch woordenboek. Dr. J. de Vries. Aula-reeks nr. 6. Uitgeverij Het Spectrum Utrecht/Antwerpen. 11e druk 1976
- Oosthoek Encyclopedie: Indo-Europese talen. Deel 10, blz 194.
- Grote Spectrum Encyclopedie: Taalfamilies. Deel 18, blz 78-82. Uitgeverij Het Spectrum b.v. Antwerpen 1978.

II germaanse talen; algemeen

- A Comparative Germanic Grammar. E. Prokosch. Published for Yale University by The Linguistic Society of America. University of Pennsylvania. Philadelphia 1939. (ook gebruikt bij de Indoëuropese talen en als informatie bij de talen Go, On, Oe, Os en Ohd.)

III gotisch

- Gotische Grammatik mit Lesestücken und Wörterverzeichnis. Wilhelm Braune, neu bearbeitet von Karl Helm. Max Niemeyer verlag. Fünfzehnte Auflage. Tübingen 1956.

IV noordgermaanse talen

- A Primer of Modern Icelandic. Snæbjörn Jónsson. Oxford University press, Humphrey Milford London. Reprinted 1932
- Oudnoorsch Handboek. Prof. Dr. R. C. Boer. H. D. Tjeenk Willink & zoon Haarlem 1920
- Leerboek Noors. Dr G. A. Piebenga. Universitaire pers Leiden, 1975

— Leerboek Noorse taal. Prof. Dr Alex Bolkmans, Lic. Theo Vloebergh en Dr. Emiel Willekens met de medewerking van Drs. Amy van Marken. J.B. Wolkers Groningen en De Sikkel n.v. Antwerpen 1965.
— Deense spraakkunst voor iedereen. Alis Malling. Prismareeks nr 1897. Uitgeverij Het Spectrum Utrecht/Antwerpen. 1e druk 1979.
— Zweedse spraakkunst voor iedereen. Ragnhild ten Cate Silfwerbrand. Prismareeks nr 1572. Uitgeverij Het Spectrum Utrecht/Antwerpen 2e druk 1979

V anglo-friese taalgroep

— A short History of English. Henry Cecil Wyld. John Murray, Albamarle street, W. London 1914.
— The History of the English Language. Oliver Farrar Emerson, Ph.D, Litt. D. MacMillan and Co, Limited St. Martins Street, London 1926.
— Engelse spraakkunst voor iedereen. Dr. J.P.W.M. van Zutphen. Prismareeks nr 490. Uitgeverij Het Spectrum Utrecht/Antwerpen. 13e druk 1979.
— Frjemd wurdt eigen I. G. van der Woude. Algemiene Fryske Underrjocht Kommisje 1975.

VI continentaal-germaanse taalgroep.

— Middelnederlandse spraakkunst I Vormleer. Dr. A. van Loey. J.B. Wolkers en De Sikkel n.v. 1966.
— Nederlandse spraakkunst voor iedereen. Drs J.P.M. Tacx. Prismareeks nr 557. Uitgeverij Het Spectrum Utrecht/Antwerpen 10e druk 1978.
— Nederlandse spraakkunst. Dr. C.G.N. de Vooys. J.B. Wolkers. Groningen 7e druk 1967.
— Afrikaans, Hoe om dit maklik te leer praat. J.A. Meijers. A.W. Sijthoff's uitgeversmaatschappij Leiden. 2e druk 1953.
— Mittelhochdeutsche Grammatik. Herman Paul. Halle A.S. Verlag von Max Niemeyer Siebente Auflage 1908.
— Duitse spraakkunst voor iedereen. Drs. F.C.M. Stocks. Prismareeks nr 489. Uitgeverij Het Spectrum Utrecht/Antwerpen 11e druk 1978

In de hierboven staande lijst zijn geen woordenboeken opgenomen.